Abecé
Visual

El Abecé Visual de

LOS INSECTOS

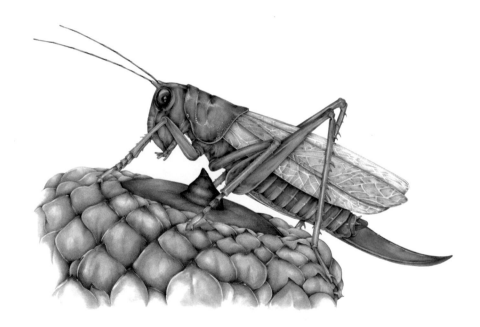

Abecé Visual

© de esta edición: 2013, Santillana USA Publishing
Company, Inc. 2023 NW 84th Ave, Doral FL 33122

Publicado primero por Santillana Ediciones Generales, S. L.
C/Torrelaguna, 60 - 28043 Madrid

Coordinación editorial: Área de Proyectos Especiales.
Santillana Ediciones Generales, S. L.

REDACCIÓN Y EDICIÓN
Juan Andrés Turri

ILUSTRACIÓN
Claudio González

DISEÑO DE CUBIERTAS
Gabriela Martini y asociados

El abecé visual de los insectos
ISBN: 978-84-9907-002-5

Printed in USA by Nupress of Miami, Inc.
16 15 14 13   1 2 3 4 5 6 7 8 9

Índice

¿**Cuántas** especies de insectos existen?

Las langostas, los grillos y los saltamontes forman parte del orden de los ortópteros, que significa «alas rectas». Son tanto omnívoros como herbívoros y poseen piezas bucales masticadoras. Tienen patas posteriores largas para saltar más. Utilizan el sonido para comunicarse.

Los insectos forman la clase más numerosa del reino animal. Existen más de un millón y medio de especies, pero se estima que pueden llegar a ser hasta cinco millones si se tiene en cuenta que aún no se conoce completamente la diversidad de la fauna en muchas regiones de la Tierra. Para favorecer su estudio, los científicos han agrupado las distintas especies de insectos en dos grandes subclases: los apterigota (sin alas) y los pterigota (con alas). Cada subclase, a su vez, se divide en grupos, llamados órdenes.

Las cucarachas y las mantis religiosas son parte del orden de los dictiópteros. Poseen aparato bucal masticador y dos pares de alas. Sus antenas son largas y muy delgadas.

Las moscas, los tábanos y los mosquitos pertenecen al orden de los dípteros. Se caracterizan por poseer un órgano chupador, formado por la cavidad bucal y la faringe.

Las luciérnagas, los escarabajos y las mariquitas pertenecen al orden de los coleópteros, donde se encuentra la mayor cantidad de especies del reino animal. Debido a su gran variedad ocupan hábitats diferentes (algunos viven sobre plantas y otros bajo la tierra) y tienen distinta alimentación (hojas, flores, frutos, semillas, raíces, madera).

Saltamontes

Mantis

Grillo

Cucaracha

Tábano

Mosca

Mosquito

Mariquita

Escarabajo

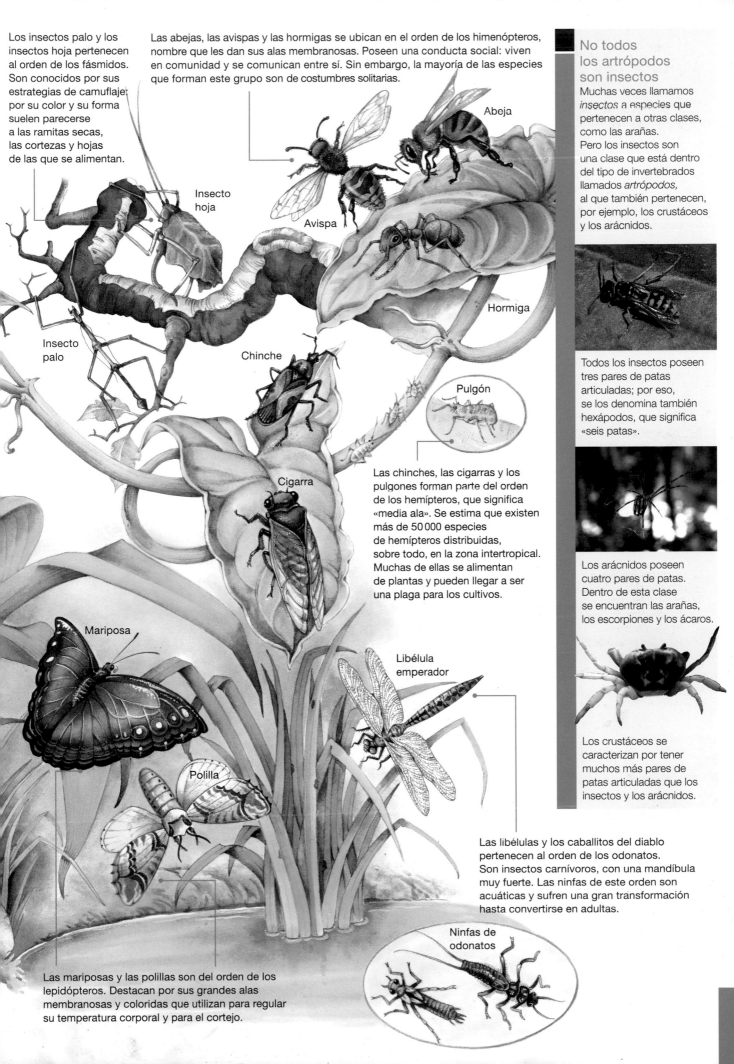

Los insectos palo y los insectos hoja pertenecen al orden de los fásmidos. Son conocidos por sus estrategias de camuflaje: por su color y su forma suelen parecerse a las ramitas secas, las cortezas y hojas de las que se alimentan.

Las abejas, las avispas y las hormigas se ubican en el orden de los himenópteros, nombre que les dan sus alas membranosas. Poseen una conducta social: viven en comunidad y se comunican entre sí. Sin embargo, la mayoría de las especies que forman este grupo son de costumbres solitarias.

Abeja

Insecto hoja

Avispa

Hormiga

Insecto palo

Chinche

Pulgón

Cigarra

Las chinches, las cigarras y los pulgones forman parte del orden de los hemípteros, que significa «media ala». Se estima que existen más de 50 000 especies de hemípteros distribuidas, sobre todo, en la zona intertropical. Muchas de ellas se alimentan de plantas y pueden llegar a ser una plaga para los cultivos.

Mariposa

Libélula emperador

Polilla

Las mariposas y las polillas son del orden de los lepidópteros. Destacan por sus grandes alas membranosas y coloridas que utilizan para regular su temperatura corporal y para el cortejo.

Las libélulas y los caballitos del diablo pertenecen al orden de los odonatos. Son insectos carnívoros, con una mandíbula muy fuerte. Las ninfas de este orden son acuáticas y sufren una gran transformación hasta convertirse en adultas.

Ninfas de odonatos

No todos los artrópodos son insectos

Muchas veces llamamos *insectos* a especies que pertenecen a otras clases, como las arañas. Pero los insectos son una clase que está dentro del tipo de invertebrados llamados *artrópodos*, al que también pertenecen, por ejemplo, los crustáceos y los arácnidos.

Todos los insectos poseen tres pares de patas articuladas; por eso, se los denomina también hexápodos, que significa «seis patas».

Los arácnidos poseen cuatro pares de patas. Dentro de esta clase se encuentran las arañas, los escorpiones y los ácaros.

Los crustáceos se caracterizan por tener muchos más pares de patas articuladas que los insectos y los arácnidos.

¿**Cuáles** son los insectos más curiosos?

A nte tanta variedad de especies de insectos que habitan en todas las regiones del mundo, no es extraño que algunos presenten aspectos que nos llamen la atención, como ciertas características de sus cuerpos o sus conductas. Entre los más curiosos se encuentran los escarabajos dorados, los caballitos del diablo, las típulas, las mariposas y los escarabajos violín.

Los insectos pertenecientes al orden de los embiópteros se caracterizan por tener cuerpo alargado y cilíndrico. En sus patas delanteras presentan una especie de bolsa que contiene glándulas que producen la seda con la que construyen el tubo donde viven.

Las típulas se caracterizan por sobrepasar los 4 cm (1.5 in) de longitud y porque sus patas muy largas y sus alas grandes contrastan con su cabeza pequeña y sus antenas cortas. Son originarias de Europa central.

Los escarabajos dorados se caracterizan por la variedad de sus colores metálicos: verde, azul, dorado y hasta cobrizo. Gracias a que en sus cuerpos se refleja la vegetación que los rodea, suelen pasar inadvertidos.

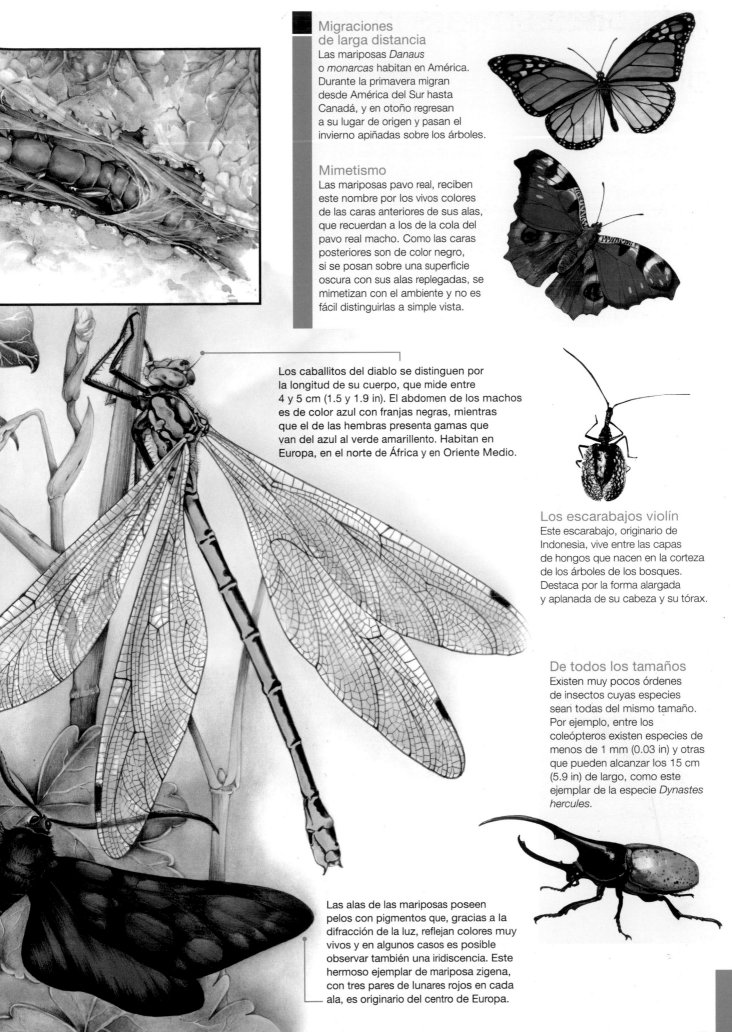

Migraciones de larga distancia

Las mariposas *Danaus* o *monarcas* habitan en América. Durante la primavera migran desde América del Sur hasta Canadá, y en otoño regresan a su lugar de origen y pasan el invierno apiñadas sobre los árboles.

Mimetismo

Las mariposas pavo real, reciben este nombre por los vivos colores de las caras anteriores de sus alas, que recuerdan a los de la cola del pavo real macho. Como las caras posteriores son de color negro, si se posan sobre una superficie oscura con sus alas replegadas, se mimetizan con el ambiente y no es fácil distinguirlas a simple vista.

Los caballitos del diablo se distinguen por la longitud de su cuerpo, que mide entre 4 y 5 cm (1.5 y 1.9 in). El abdomen de los machos es de color azul con franjas negras, mientras que el de las hembras presenta gamas que van del azul al verde amarillento. Habitan en Europa, en el norte de África y en Oriente Medio.

Los escarabajos violín

Este escarabajo, originario de Indonesia, vive entre las capas de hongos que nacen en la corteza de los árboles de los bosques. Destaca por la forma alargada y aplanada de su cabeza y su tórax.

De todos los tamaños

Existen muy pocos órdenes de insectos cuyas especies sean todas del mismo tamaño. Por ejemplo, entre los coleópteros existen especies de menos de 1 mm (0.03 in) y otras que pueden alcanzar los 15 cm (5.9 in) de largo, como este ejemplar de la especie *Dynastes hercules*.

Las alas de las mariposas poseen pelos con pigmentos que, gracias a la difracción de la luz, reflejan colores muy vivos y en algunos casos es posible observar también una iridiscencia. Este hermoso ejemplar de mariposa zigena, con tres pares de lunares rojos en cada ala, es originario del centro de Europa.

¿**Cuántos** miles de especies de escarabajos se conocen?

Se estima que existen aproximadamente 350 000 especies distintas de escarabajos en el mundo. Su diversidad es tal que están presentes en casi todos los hábitats del planeta, incluidos los acuáticos. Casi todos son fitófagos, es decir, que se alimentan de organismos vegetales. Sin embargo, hay especies que comen troncos u otros animales. La mayoría puede volar, aunque lo hace solo cuando es imprescindible.

Los escarabajos que se alimentan de madera son conocidos con el nombre de xilófagos. Debido al color de sus cuerpos, suelen camuflarse entre los troncos. Algunos viven sobre la madera en descomposición y otros sobre la corteza de los árboles.

Hay escarabajos que se alimentan exclusivamente de hojas. Sus cuerpos suelen tener colores muy vivos, aunque muchas veces pasan inadvertidos porque se confunden con las plantas sobre las cuales viven.

Los llamados antófagos se alimentan de flores, y los frugívoros, de frutos. A veces se suelen encontrar larvas de estos escarabajos dentro de los mismos frutos.

A los escarabajos que dependen de otros animales para subsistir se los llama zoófagos. Algunos se alimentan de insectos más pequeños, y otros, de animales de mayor tamaño, como las lombrices y los caracoles.

Este ejemplar de escarabajo zoófago se alimenta de los huevos de la mosca. Es reconocido por sus pequeñas antenas.

Algunos escarabajos se alimentan de polen y son conocidos con el nombre de polinívoros. Incluso se nutren de los productos orgánicos que hay en la colmena.

Algunas curiosidades

Los escarabajos peloteros

Habitan en las regiones mediterráneas. Se caracterizan por su color negro y porque fabrican bolas de estiércol en cuyo interior depositan los huevos.

Los escarabajos de mayo

Destacan porque la fase de desarrollo de las larvas que habitan en las regiones cálidas dura tres años; en cambio, las larvas de los ejemplares de las regiones frías pueden llegar a desarrollarse en cinco años. Durante el invierno viven bajo tierra y se alimentan de raíces.

Los escarabajos gorgojo

Son muy conocidos porque se nutren de cultivos valiosos para la alimentación del ser humano: arroz, lentejas, avellanas. Algunos atacan las semillas aun cuando están almacenadas.

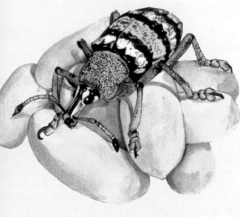

¿**Cómo** son los insectos más pequeños?

La subclase de insectos llamados apterigotos está formada por los insectos sin alas que, además, se caracterizan por ser muy pequeños. La mayoría vive en el suelo o entre las hojas en estado de putrefacción y en ambientes húmedos. Estos insectos se dividen en cuatro órdenes: colémbolos, dipluros, proturos y tisanuros.

Los dipluros viven en el suelo, debajo de las piedras y, a veces, en el humus. Por lo general se alimentan de hongos y residuos orgánicos, aunque algunos son carnívoros. Poseen antenas y carecen de ojos. Miden entre 5 y 7 mm (0.19 y 0.27 in) de longitud.

Los proturos miden unos 2 mm (0.07 in). Carecen de antenas, viven en ambientes húmedos; en especial, entre las hojas en descomposición.

Los llamados «cola de resorte», o colémbolos, tienen un apéndice retráctil que les permite saltar sobre el suelo o el agua. Viven en la superficie del suelo y en los residuos vegetales de los bosques. No miden más de 5 mm (0.19 in).

Los insectos más grandes

El llamado palo espinoso gigante puede llegar a medir hasta 15 cm (5.9 in) de largo. Lleva ese nombre porque se confunde con un tallo espinoso. Habita en los bosques tropicales y pasa la mayor parte del tiempo escondido bajo la vegetación. Se alimenta de hojas.

Las ninfas de la selva pueden medir hasta 18 cm (7 in). Sus cuerpos son anchos y se confunden, generalmente, con hojas. Las hembras son de color verde, y los machos, más pequeños, de color marrón.

Los tisanuros miden entre 0,5 y 8 mm (0.01 y 0.31 in). Viven bajo la corteza de los árboles, entre residuos vegetales y en la madera en descomposición.

¿De **qué** modo producen
sonido los grillos?

El cricrí tan característico que emiten los grillos se produce cuando frotan sus alas, llamadas élitros. En ellas poseen una nervadura en forma de dientes aserrados que hacen ruido mediante un mecanismo de fricción. Solo los machos tienen la capacidad de producir este sonido y lo hacen para atraer a las hembras. La fuerza o el volumen del «canto» puede ayudar a las hembras a elegir el mejor macho dentro de un grupo.

Son omnívoros: se alimentan tanto de material orgánico como de plantas desintegradas y hongos.

Las alas de los grillos no son iguales: una es dentada y la otra es rígida y actúa como un raspador.

Su sonido suele escucharse desde los inicios de la primavera y hasta mediados del verano.

Al nacer, los grillos carecen de alas. Estas se van desarrollando en sucesivas etapas, a medida que pasan de ninfa a adulto. La ninfa tiene alas cortas que no sirven para volar. Solo el adulto tiene alas completamente desarrolladas.

Suelen medir entre 2 y 2,5 cm (0.7 y 0.9 in) de longitud.

Dos tipos de grillos

Los de campo tienen una cabeza prominente y son de color marrón oscuro (lo que les permite pasar inadvertidos y sobrevivir a sus depredadores). Los domésticos son más pequeños y de color verde claro.

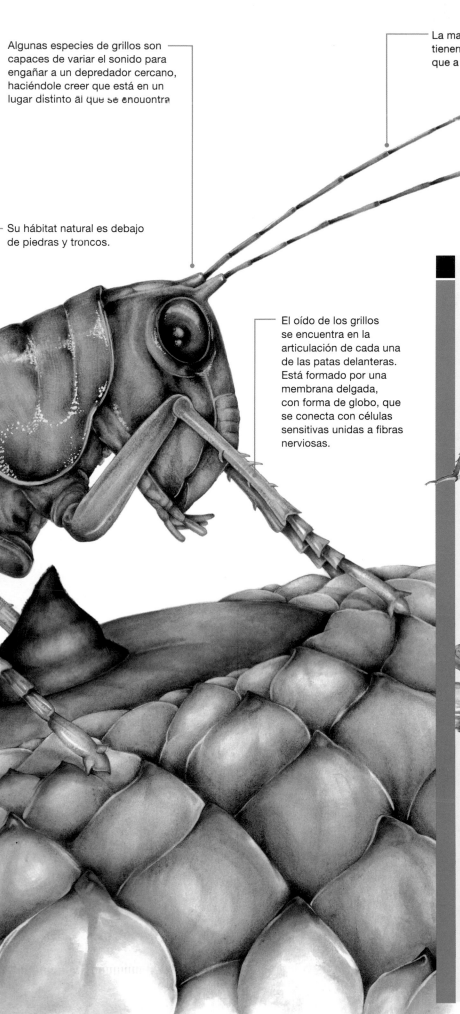

Algunas especies de grillos son capaces de variar el sonido para engañar a un depredador cercano, haciéndole creer que está en un lugar distinto al que se encuentra

La mayor parte de las especies de grillos tienen actividad nocturna y largas antenas, que a veces superan la longitud del cuerpo.

Su hábitat natural es debajo de piedras y troncos.

El oído de los grillos se encuentra en la articulación de cada una de las patas delanteras. Está formado por una membrana delgada, con forma de globo, que se conecta con células sensitivas unidas a fibras nerviosas.

Otros insectos estridulantes

Además de los grillos, hay otros insectos que producen sonidos por el frotamiento de sus alas. Se los conoce como estridulantes porque producen estridor, es decir, chirridos.

Los saltamontes de antenas cortas, a diferencia de los de antenas largas y de los grillos, producen sonido frotando sus patas traseras o la parte delantera de sus alas contra otras partes de su cuerpo. Poseen tímpanos complejos y pueden emitir sonidos por diversos medios. Reciben ese nombre por la gran capacidad de salto que le otorgan sus patas traseras.

Las cigarras tienen su aparato sonador en el abdomen. A ambos lados de este, poseen unas membranas llamadas «timbales», que vibran mediante el movimiento de ciertos músculos; y unos sacos de aire que funcionan como cajas de resonancia. El sonido que emiten las cigarras macho para atraer a las hembras es tan notable que se puede percibir a más de 1 km (0.6 mi) de distancia. Se escucha con más frecuencia durante el anochecer y el amanecer. En algunos países, como Perú, se dice que el chirrido de la cigarra anuncia que va a llover. En otros países se relaciona con el aumento de la temperatura.

¿**Cuáles** son los insectos más **antiguos**?

El ámbar
El ámbar es un material que se forma a partir de las resinas que segregan las coníferas. Cuando la resina cae, los insectos pueden quedar pegados en ella. Al cabo de millones de años, el ámbar se transforma en mineral y se endurece. Así se encontraron restos de insectos atrapados en piedras de ámbar, casi intactos.

El primer fósil de insecto que descubrieron los científicos en una turbera de Gran Bretaña es el *Rhyniella praecursor.* Se estima que este insecto vivió durante el período geológico denominado Devónico, hace más de 400 millones de años. Esto significa que mucho antes de que apareciera la especie humana, los insectos ya poblaban la Tierra.

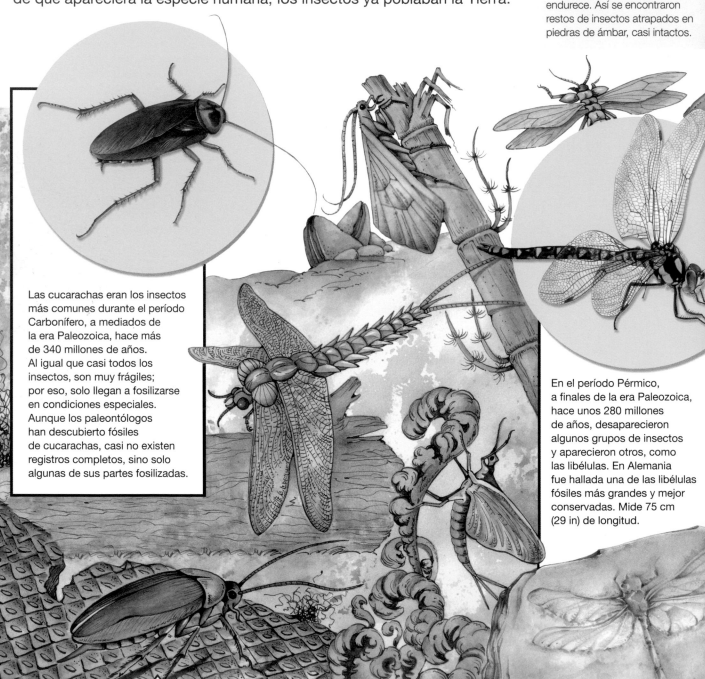

Las cucarachas eran los insectos más comunes durante el período Carbonífero, a mediados de la era Paleozoica, hace más de 340 millones de años. Al igual que casi todos los insectos, son muy frágiles; por eso, solo llegan a fosilizarse en condiciones especiales. Aunque los paleontólogos han descubierto fósiles de cucarachas, casi no existen registros completos, sino solo algunas de sus partes fosilizadas.

En el período Pérmico, a finales de la era Paleozoica, hace unos 280 millones de años, desaparecieron algunos grupos de insectos y aparecieron otros, como las libélulas. En Alemania fue hallada una de las libélulas fósiles más grandes y mejor conservadas. Mide 75 cm (29 in) de longitud.

ERA PRECÁMBRICA
(entre 3600 y 540 millones de años)

ERA PALEOZOICA
(entre -570 y -225 millones de años)

A comienzos de la era Mesozoica, durante el período Triásico, hace 225 millones de años, aparecieron los dípteros, es decir, los insectos que poseen solo un par de alas, como los mosquitos. Los paleontólogos estiman que en el período Jurásico, hace 190 millones de años, ya se encontraban representados casi todos los grupos actuales de insectos.

Qué es un fósil

Se denomina fósil a cualquier resto de un ser vivo que habitó en el pasado y que ha llegado a nuestros días gracias a su mineralización o conservación en las rocas. Los fósiles son muy diversos pero tienen en común el hecho de ser escasos, por eso se consideran un patrimonio natural de vital importancia al que hay que proteger. El proceso de fosilización es muy lento, dura millones de años. En general se fosilizan los huesos, los caparazones y otras partes duras de los animales, pero también se han encontrado restos fósiles de partes blandas. En la imagen se observa un insecto fosilizado en ámbar.

Hacia finales del Mesozoico, durante el período Cretácico, aproximadamente hace 65 millones de años, se desarrollaron los insectos florícolas, como las abejas y algunos tipos de moscas. En África fue hallado un fósil de las abejas Trigona, muy parecidas a la actuales.

Se estima que las primeras hormigas surgieron en la era Cenozoica. Por entonces, los insectos ya eran bastante parecidos a los actuales. La gran mayoría de fósiles se han encontrado en los yacimientos de Florissant (Colorado, Estados Unidos) y en el yacimiento de ámbar del Báltico.

ERA MESOZOICA
(entre –225 y –65 millones de años)

ERA CENOZOICA
(hace unos 65 millones de años)

¿**Qué** función cumplen las antenas de los longicornios?

El nombre longicornio proviene del latín *longus,* que significa «largo», y *cornu,* «cuerno». Aunque sus antenas no son verdaderos cuernos, destacan por estar muy desarrolladas, y como en el resto de los insectos, cumplen la función de identificar olores.

Estos escarabajos habitan la Tierra desde hace unos 200 millones de años. Las especies son diversas: los zapadores, los alpinos, los de los cardos y los capricornios o de la encina.

Viven en los troncos de los árboles viejos de los bosques de coníferas. Allí, las larvas excavan grandes galerías en la madera y se alimentan de ella.

Sus largas y complejas patas articuladas les permiten caminar, trepar y volar.

Llegan a alcanzar los 6 cm (2.3 in) de longitud.

A la menor señal de peligro suelen confundirse con la hojarasca esperando el momento más oportuno para escapar.

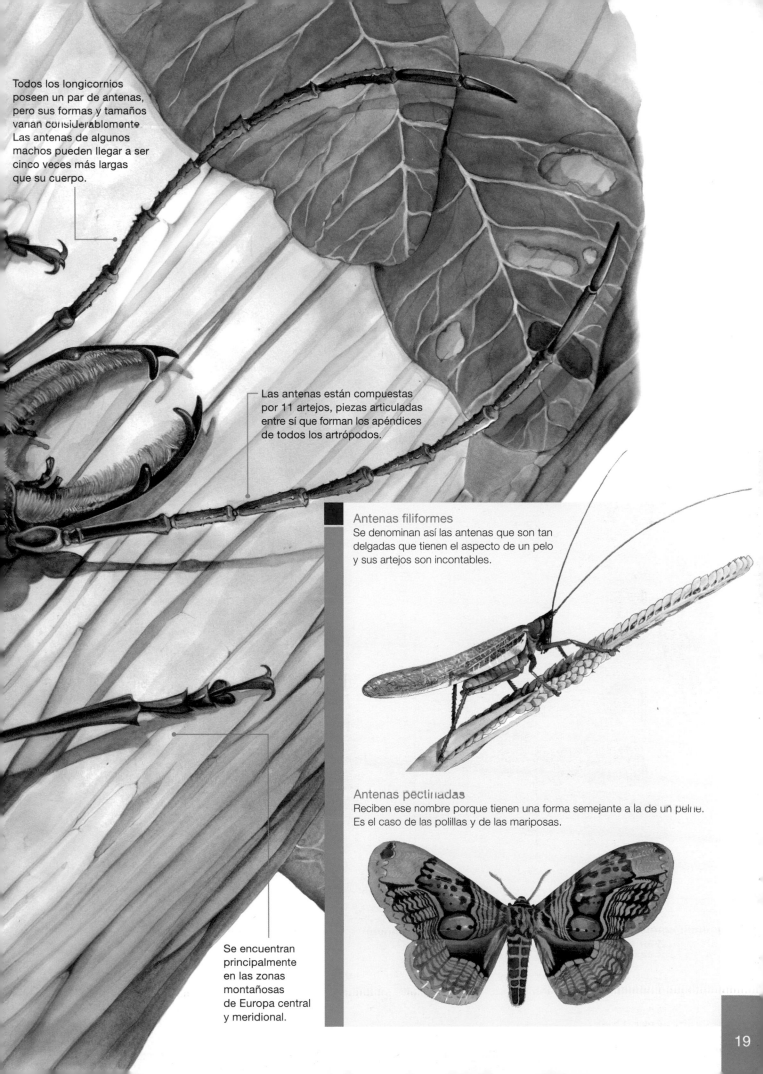

Todos los longicornios
poseen un par de antenas,
pero sus formas y tamaños
varían considerablemente.
Las antenas de algunos
machos pueden llegar a ser
cinco veces más largas
que su cuerpo.

Las antenas están compuestas
por 11 artejos, piezas articuladas
entre sí que forman los apéndices
de todos los artrópodos.

Antenas filiformes
Se denominan así las antenas que son tan
delgadas que tienen el aspecto de un pelo
y sus artejos son incontables.

Antenas pectinadas
Reciben ese nombre porque tienen una forma semejante a la de un peine.
Es el caso de las polillas y de las mariposas.

Se encuentran
principalmente
en las zonas
montañosas
de Europa central
y meridional.

¿**Dónde** tienen el sentido del gusto las hormigas?

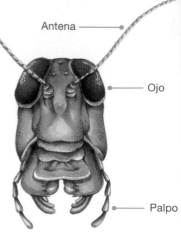

Antena

Ojo

Palpo

Los palpos son unos apéndices que se encuentran en la boca de los insectos, donde se ubican los receptores gustativos.

Aunque las hormigas tienen en la boca receptores gustativos, tanto el sentido del gusto como el del tacto se localizan, al igual que en el resto de los insectos, en unos pelitos de tamaño microscópico que generalmente se encuentran en las patas y en las antenas.

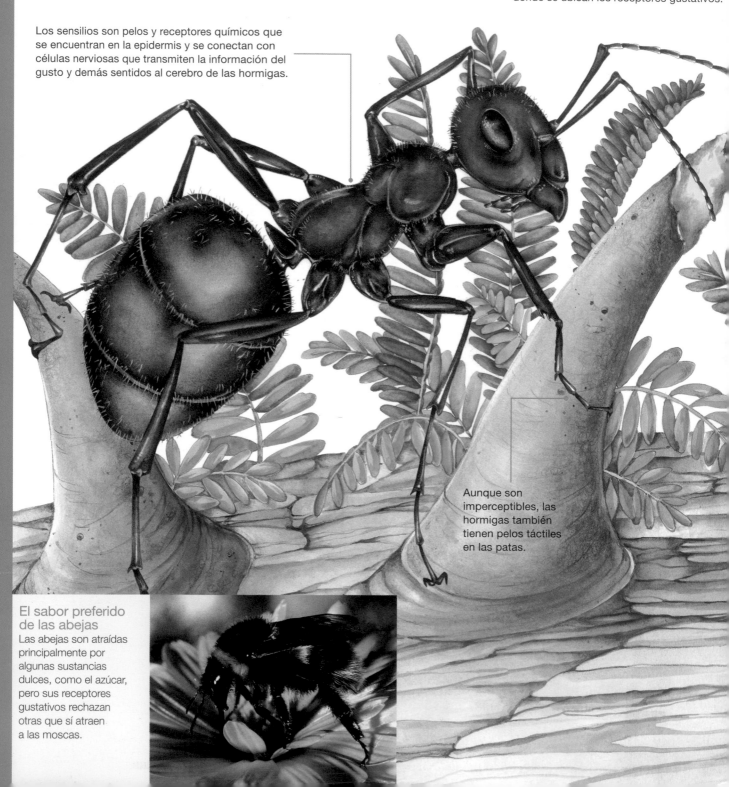

Los sensilios son pelos y receptores químicos que se encuentran en la epidermis y se conectan con células nerviosas que transmiten la información del gusto y demás sentidos al cerebro de las hormigas.

Aunque son imperceptibles, las hormigas también tienen pelos táctiles en las patas.

El sabor preferido de las abejas
Las abejas son atraídas principalmente por algunas sustancias dulces, como el azúcar, pero sus receptores gustativos rechazan otras que sí atraen a las moscas.

El gusto en las patas

En las moscas, como en las mariposas y en muchos otros insectos con alas, las patas cumplen la función de degustar la comida. Como estos insectos se nutren por medio de una trompa succionadora, si no tuvieran adaptadas sus patas a la degustación deberían probar todo lo que tocaran hasta identificar el alimento. Pero así, basta con que se posen sobre una superficie para saber si se trata o no de comida.

Las hormigas y los pulgones

Entre otras cosas, las hormigas se alimentan de un jugo azucarado que algunos pulgones excretan del abdomen a cambio de protección. Los pulgones suelen acomodarse en los lugares más confortables de los hormigueros.

En las antenas de las hormigas, como en los demás insectos, se alojan los principales receptores del tacto.

Además de los receptores táctiles, auditivos, gustativos, olfativos y visuales, los insectos cuentan con importantes receptores térmicos que les permiten identificar diversos cambios, como los de temperatura y humedad, y las corrientes de agua y de aire.

¿Qué gusto tienen las hormigas?

Las personas que han probado hormigas cocinadas según diversas recetas afirman que en general tienen sabor a cacahuete, a nuez o a almendra.

¿**Cómo** es la VISIÓN de las moscas?

Las moscas, como todos los insectos, captan la luz de distintas maneras: a través de la superficie del cuerpo y también mediante ojos simples y ojos compuestos que se encuentran en la cabeza. Al igual que el resto de los insectos, las moscas perciben la radiación ultravioleta, que es invisible para el ser humano; en cambio, no pueden identificar bien el color rojo.

Moscas por todas partes

En el arte

Las moscas también están presentes en el cine, en las letras de canciones y en los cuentos y las fábulas, como en *La mosca,* de la escritora británica Katherine Mansfield, o *La mosca que soñaba que era un águila,* del escritor guatemalteco Augusto Monterroso.

En la lengua española

Las moscas se encuentran también en varias expresiones de la lengua española; por ejemplo, «¿qué mosca te habrá picado?», «por si las moscas», «mosquita muerta» o «tener la mosca detrás de la oreja», entre otras.

Las moscas de la fruta

Existen especies de moscas muy perjudiciales para los cultivos, como la mosca de la fruta, que al picar la pulpa acelera el proceso de maduración y hace que la fruta se pudra prematuramente.

Las moscas del vinagre

Las moscas del vinagre *(Drosophila melanogaster)* son amarillas y pardas y suelen frecuentar las botellas que tienen en su exterior gotas de vino, leche, cerveza, mermelada, salsa de tomate o vinagre. Actualmente hay teorías científicas que investigan la semejanza entre los genes de estas moscas y los del ser humano, con el fin de encontrar un modelo que explique la causa y el funcionamiento de enfermedades neurológicas, cardiovasculares y de los sistemas visual, auditivo e inmunológico, entre otros.

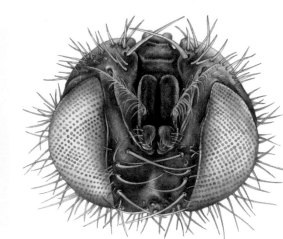

Cada uno de los ojos compuestos está formado por miles de lentes oculares que apuntan a direcciones distintas, de manera que las moscas pueden ver en un ángulo de 360°.

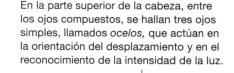

En la parte superior de la cabeza, entre los ojos compuestos, se hallan tres ojos simples, llamados *ocelos,* que actúan en la orientación del desplazamiento y en el reconocimiento de la intensidad de la luz.

Los ojos compuestos perciben la forma, el color y el movimiento de los objetos.

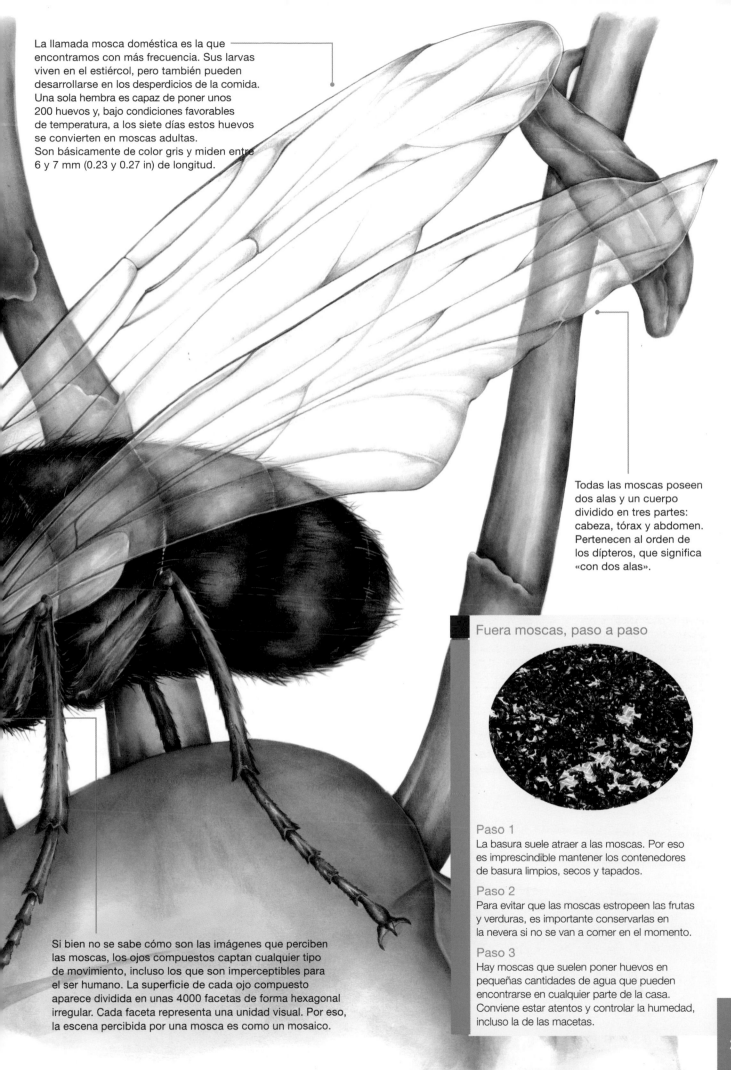

La llamada mosca doméstica es la que encontramos con más frecuencia. Sus larvas viven en el estiércol, pero también pueden desarrollarse en los desperdicios de la comida. Una sola hembra es capaz de poner unos 200 huevos y, bajo condiciones favorables de temperatura, a los siete días estos huevos se convierten en moscas adultas. Son básicamente de color gris y miden entre 6 y 7 mm (0.23 y 0.27 in) de longitud.

Todas las moscas poseen dos alas y un cuerpo dividido en tres partes: cabeza, tórax y abdomen. Pertenecen al orden de los dípteros, que significa «con dos alas».

Fuera moscas, paso a paso

Paso 1
La basura suele atraer a las moscas. Por eso es imprescindible mantener los contenedores de basura limpios, secos y tapados.

Paso 2
Para evitar que las moscas estropeen las frutas y verduras, es importante conservarlas en la nevera si no se van a comer en el momento.

Paso 3
Hay moscas que suelen poner huevos en pequeñas cantidades de agua que pueden encontrarse en cualquier parte de la casa. Conviene estar atentos y controlar la humedad, incluso la de las macetas.

Si bien no se sabe cómo son las imágenes que perciben las moscas, los ojos compuestos captan cualquier tipo de movimiento, incluso los que son imperceptibles para el ser humano. La superficie de cada ojo compuesto aparece dividida en unas 4000 facetas de forma hexagonal irregular. Cada faceta representa una unidad visual. Por eso, la escena percibida por una mosca es como un mosaico.

¿**Qué** características tiene el vuelo de las libélulas?

U na de las particularidades determinantes de estos insectos es el vuelo. Las libélulas pueden volar en línea recta, hacia adelante o hacia atrás; verticalmente, hacia arriba o hacia abajo; girar en el aire sobre su cuerpo, detenerse o quedarse suspendidas en el aire. Su vuelo es lento e irregular.

Una joya
Su cuerpo delicado aparece usualmente como motivo de diseño de joyas, piezas de orfebrería y textiles.

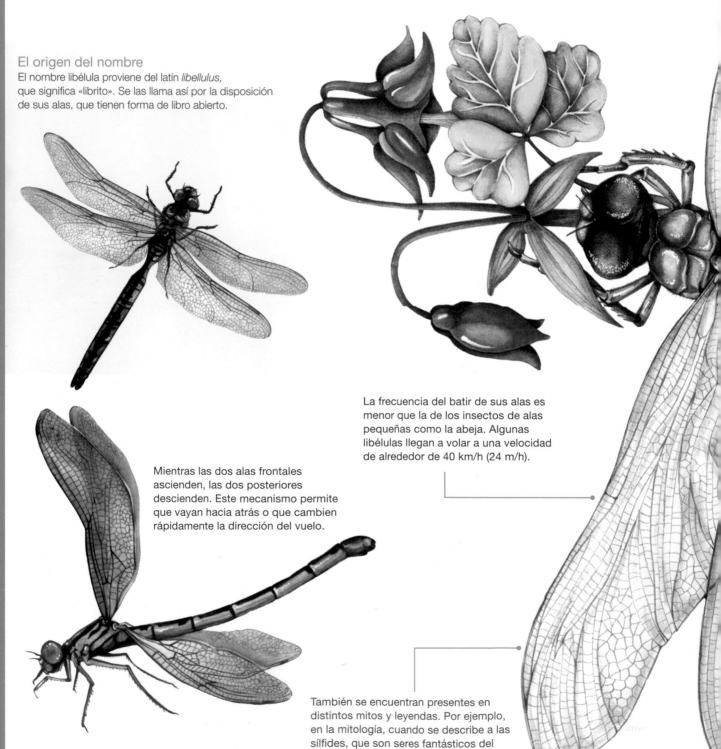

El origen del nombre
El nombre libélula proviene del latín *libellulus,* que significa «librito». Se las llama así por la disposición de sus alas, que tienen forma de libro abierto.

Mientras las dos alas frontales ascienden, las dos posteriores descienden. Este mecanismo permite que vayan hacia atrás o que cambien rápidamente la dirección del vuelo.

La frecuencia del batir de sus alas es menor que la de los insectos de alas pequeñas como la abeja. Algunas libélulas llegan a volar a una velocidad de alrededor de 40 km/h (24 m/h).

También se encuentran presentes en distintos mitos y leyendas. Por ejemplo, en la mitología, cuando se describe a las sílfides, que son seres fantásticos del aire, se dice que poseen alas de libélula.

Es relativamente fácil identificarlas por el brillo metálico que reflejan sus alas. Pero, debido a que antes de acechar a su presa permanecen inmóviles durante largo tiempo, suelen confundirse con la vegetación.

Remontando vuelo

La forma helicoidal de las alas y la línea delgada del cuerpo de la libélula fueron tomadas como modelo para el diseño de los helicópteros, que ascienden y descienden usando un sistema de movimiento similar al de las alas de este insecto.

Como todos los insectos voladores, excepto las moscas, poseen dos pares de alas: un par frontal y otro posterior.

A diferencia de otros insectos, no pliegan sus alas por encima del tórax durante el reposo, sino que las mantienen siempre extendidas.

¿**Cuáles** son los insectos que tienen un solo par de alas?

Muchos insectos presentan dos pares de alas, como las mariposas, las abejas y las langostas, y otros no son alados. Asimismo, existe otro gran grupo de insectos llamados dípteros que, en su mayoría, poseen un par de alas, como los tábanos, las moscas, los mosquitos y las pulgas. En los dípteros solo se desarrolla el primer par de alas, mientras que el segundo par queda atrofiado y forma dos órganos, llamados balancines, que cumplen una función de equilibrio.

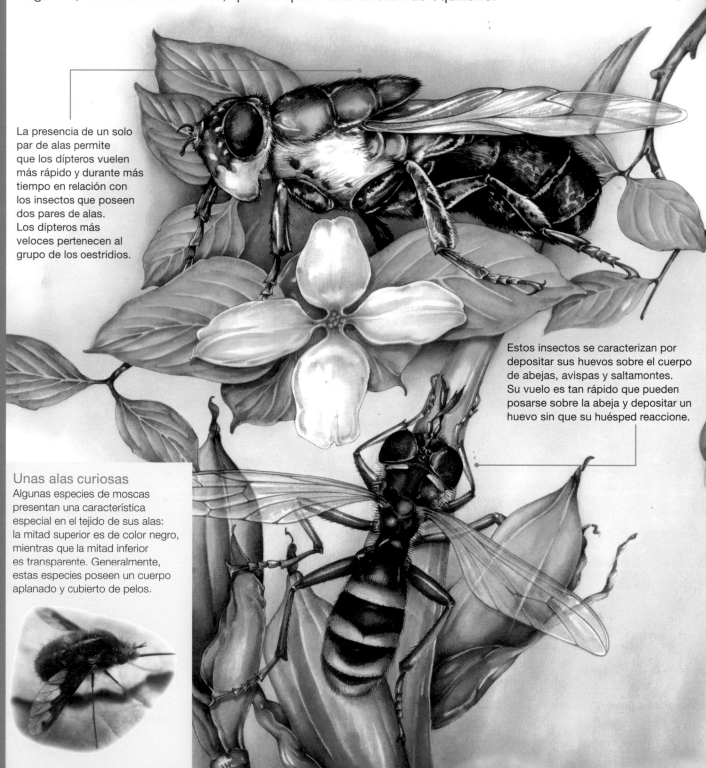

La presencia de un solo par de alas permite que los dípteros vuelen más rápido y durante más tiempo en relación con los insectos que poseen dos pares de alas. Los dípteros más veloces pertenecen al grupo de los oestridios.

Estos insectos se caracterizan por depositar sus huevos sobre el cuerpo de abejas, avispas y saltamontes. Su vuelo es tan rápido que pueden posarse sobre la abeja y depositar un huevo sin que su huésped reaccione.

Unas alas curiosas
Algunas especies de moscas presentan una característica especial en el tejido de sus alas: la mitad superior es de color negro, mientras que la mitad inferior es transparente. Generalmente, estas especies poseen un cuerpo aplanado y cubierto de pelos.

En las regiones templadas y frías de Europa es posible encontrar ejemplares de la especie de tábanos *Haematopota pluvialis*. Las hembras vuelan de una manera tan silenciosa que pueden pasar casi inadvertidas para el ser humano y otros vertebrados, como el caballo, al posarse sobre sus cuerpos y picarlos.

Estas moscas de Europa y Asia, llamadas *Laphria flava* o moscas asesinas, se caracterizan por huir muy rápidamente cuando se las espanta. No suelen regresar al mismo lugar en mucho tiempo.

Los ejemplares de pulgas pueden ser alados de modo permanente o temporal. Sus alas pueden presentar distintos tamaños; algunos tienen alas atrofiadas e, incluso, pueden ser ápteros, es decir, sin alas.

Otras características de los dípteros

Las dimensiones del cuerpo de este grupo de insectos varía entre 1 mm (0.03 in) y 6 cm (2.3 in) de longitud. La mayoría posee un aparato bucal de tipo picador-chupador o bien lamedor-chupador. Sus ojos son compuestos y muy voluminosos, y en los machos pueden ocupar toda la frente o estar separados. Presentan una metamorfosis completa y sus larvas se alimentan de líquido animal o vegetal. Se estima que existen unas 100 000 especies de dípteros en el mundo.

La excepción confirma la regla

Aunque la gran mayoría de los dípteros poseen dos alas, hay algunas excepciones, como las pulgas y los melófagos a los que les faltan las alas.

Con vuelo veloz

Las moscas *Stratiomyidae* se caracterizan por el color vistoso de su torso, con fondo negro y manchas que pueden ser de color amarillo, verde, blanco o azul. Habitan tanto en la pradera como en la montaña. La forma de sus alas les permite desarrollar un vuelo muy rápido.

¿**Por qué** saltan los saltamontes?

El salto de los saltamontes se produce gracias a la estructura de sus patas: las tibias del par de patas traseras se encuentran muy cerca del cuerpo y, cuando los músculos del fémur se contraen, las patas se enderezan y lanzan el cuerpo al aire. Se estima que un saltamontes puede saltar hasta 75 cm (29 in) en el aire, lo que representa unas 20 veces su tamaño.

La pata de un insecto

La coxa, con forma de bola, une la pata al tórax y articula el movimiento hacia delante y hacia atrás. El trocánter es un segmento muy pequeño que une la coxa al fémur. El fémur generalmente es el segmento más largo y en su interior se encuentra una gran cantidad de músculos. La tibia, larga y delgada, muchas veces presenta extremidades en forma de espinas. El tarso tiene varios segmentos y suele rematar en un par de uñas a modo de garfio o garra, o bien en almohadillas adherentes.

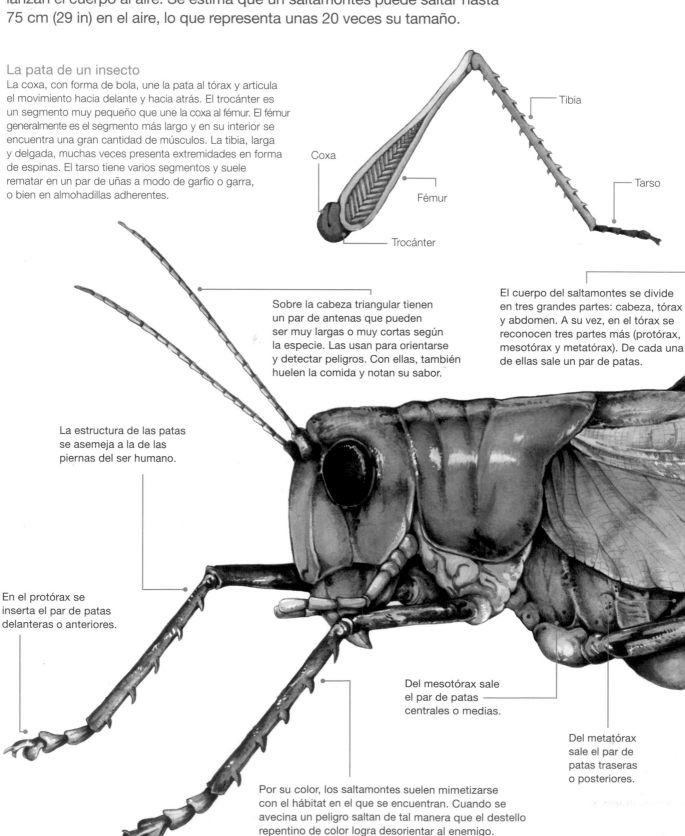

Tibia

Coxa

Fémur

Tarso

Trocánter

Sobre la cabeza triangular tienen un par de antenas que pueden ser muy largas o muy cortas según la especie. Las usan para orientarse y detectar peligros. Con ellas, también huelen la comida y notan su sabor.

El cuerpo del saltamontes se divide en tres grandes partes: cabeza, tórax y abdomen. A su vez, en el tórax se reconocen tres partes más (protórax, mesotórax y metatórax). De cada una de ellas sale un par de patas.

La estructura de las patas se asemeja a la de las piernas del ser humano.

En el protórax se inserta el par de patas delanteras o anteriores.

Del mesotórax sale el par de patas centrales o medias.

Del metatórax sale el par de patas traseras o posteriores.

Por su color, los saltamontes suelen mimetizarse con el hábitat en el que se encuentran. Cuando se avecina un peligro saltan de tal manera que el destello repentino de color logra desorientar al enemigo.

Patas multiuso

Las patas de los insectos cumplen distintas funciones, según la especie a la que estos pertenezcan. Pueden saltar, andar, correr, trepar, excavar, limpiar, cazar, nadar, producir sonidos y hasta captar sabores.

Abejas

En el par de patas trasero, las abejas poseen un aparato muy sofisticado con el que recolectan polen y lo transportan hasta la colmena. La tibia de este par de patas se encuentra muy ensanchada y posee pelos quitinosos fuertes y curvos, que sostienen la carga de polen que transportan.

Mariposas

La mayoría de los lepidópteros, como las mariposas, limpian sus antenas con unos órganos que tienen forma de cepillos, y están situados en las tibias de las patas delanteras. Además, en las patas centrales se encuentran los órganos que limpian las patas delanteras.

Mantis religiosa

Con el par de patas delanteras, que son de tipo prensor, las mantis religiosas capturan a sus presas. Durante la caza, este par de patas puede desarrollar una gran velocidad de movimiento. En cambio, las patas traseras son de tipo marchador, pero no son muy rápidas, porque estos insectos no persiguen a sus presas, sino que esperan a que se les acerquen.

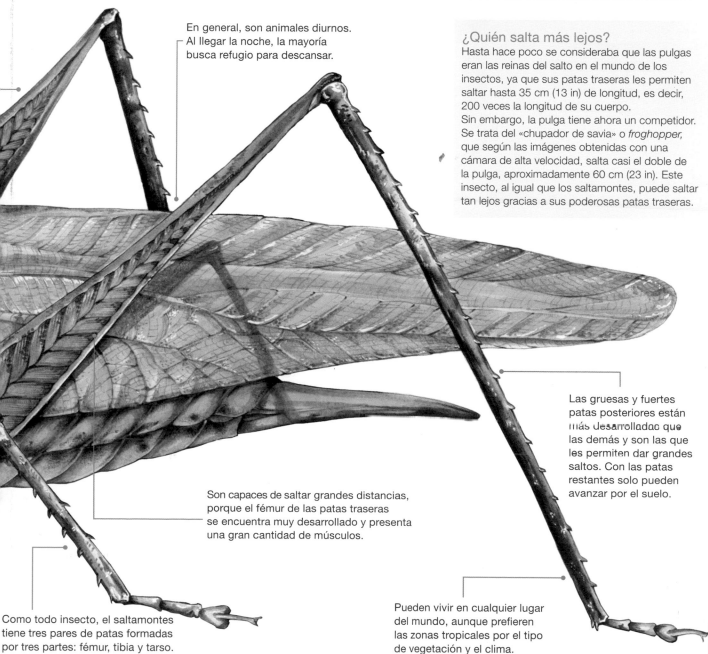

En general, son animales diurnos. Al llegar la noche, la mayoría busca refugio para descansar.

¿Quién salta más lejos?

Hasta hace poco se consideraba que las pulgas eran las reinas del salto en el mundo de los insectos, ya que sus patas traseras les permiten saltar hasta 35 cm (13 in) de longitud, es decir, 200 veces la longitud de su cuerpo.

Sin embargo, la pulga tiene ahora un competidor. Se trata del «chupador de savia» o *froghopper,* que según las imágenes obtenidas con una cámara de alta velocidad, salta casi el doble de la pulga, aproximadamente 60 cm (23 in). Este insecto, al igual que los saltamontes, puede saltar tan lejos gracias a sus poderosas patas traseras.

Las gruesas y fuertes patas posteriores están más desarrolladas que las demás y son las que les permiten dar grandes saltos. Con las patas restantes solo pueden avanzar por el suelo.

Son capaces de saltar grandes distancias, porque el fémur de las patas traseras se encuentra muy desarrollado y presenta una gran cantidad de músculos.

Como todo insecto, el saltamontes tiene tres pares de patas formadas por tres partes: fémur, tibia y tarso.

Pueden vivir en cualquier lugar del mundo, aunque prefieren las zonas tropicales por el tipo de vegetación y el clima.

¿**Por qué** pican los mosquitos?

Los mosquitos poseen bocas picadoras con las que pueden perforar los tejidos de las plantas, la piel de los animales y la de los seres humanos. Con su aparato bucal especializado en picar y succionar, estos insectos realizan una de sus funciones vitales: la alimentación; pero al hacerlo, algunas especies pueden transmitir enfermedades al ser vivo que pican.

Primer foco de atracción

En contacto con las personas, lo primero que atrae a los mosquitos hematófagos, es decir, los que se alimentan de sangre, es el sudor. Puesto que los mosquitos están dotados de un fino sentido del olfato para detectar la presencia del ácido láctico que segregamos mediante nuestras glándulas sudoríparas, es recomendable ocultar el olor del cuerpo con repelentes y controlar la sudoración. No obstante, hay personas que son más propensas que otras a las picaduras de los mosquitos. Esto podría deberse a su olor y a la emisión de ciertas señales químicas.

Momentos clave

Aunque los mosquitos pueden picar en cualquier momento del día, están más activos y hay más probabilidades de que las hembras piquen durante el amanecer y el atardecer.

Las larvas de los mosquitos se desarrollan en el agua. Por esta razón, es necesario drenar el agua estancada que favorece su reproducción.

Solo las hembras se nutren de la sangre de seres humanos y de animales; los machos se alimentan de jugos vegetales.

Los mosquitos hembra pican porque la sangre tiene gran cantidad de proteínas, que utilizan para alimentar a sus crías.

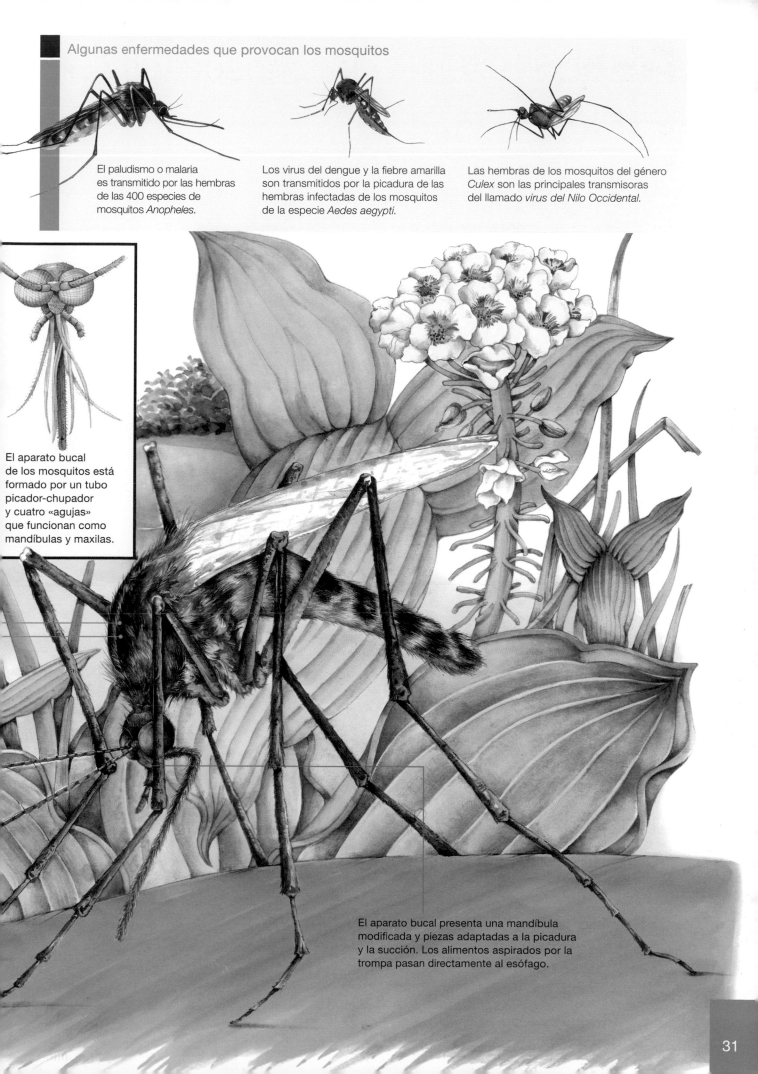

Algunas enfermedades que provocan los mosquitos

El paludismo o malaria es transmitido por las hembras de las 400 especies de mosquitos *Anopheles*.

Los virus del dengue y la fiebre amarilla son transmitidos por la picadura de las hembras infectadas de los mosquitos de la especie *Aedes aegypti*.

Las hembras de los mosquitos del género *Culex* son las principales transmisoras del llamado *virus del Nilo Occidental*.

El aparato bucal de los mosquitos está formado por un tubo picador-chupador y cuatro «agujas» que funcionan como mandíbulas y maxilas.

El aparato bucal presenta una mandíbula modificada y piezas adaptadas a la picadura y la succión. Los alimentos aspirados por la trompa pasan directamente al esófago.

¿**Cómo** emiten luz las luciérnagas?

En las noches de verano, las luciérnagas macho emiten una luz débil e intermitente y las hembras producen un resplandor más intenso. Este fenómeno lumínico se denomina *bioluminiscencia* y, además de ser producido por algunos insectos y moluscos, también es generado por microorganismos marinos que se encuentran en las estelas que dejan en el agua los barcos y los delfines.

Las luciérnagas o *bichos de luz* tienen en su organismo un tipo de proteína, la luciferina, que en contacto con una enzima, la luciferasa, produce luminosidad.

A diferencia de la energía eléctrica, que se transforma tanto en calor como en luz, la energía química de las luciérnagas solo se transforma en luz.

Algunas especies iluminan con esquemas fijos de variación entre los intervalos y el número de destellos. En Asia, existe una clase de luciérnagas cuyos machos se reúnen en grandes grupos y lanzan su luz de manera sincronizada, guiados por uno de ellos.

Las luciérnagas tienen células que contienen cristales de ácido úrico. Estos contribuyen a difuminar la luz.

¿Qué comen?

Las luciérnagas, que habitan en pantanos o en las áreas húmedas y boscosas, se alimentan de invertebrados, especialmente de caracoles y babosas. Mientras son larvas buscan caracoles de agua dulce o terrestres y consumen el tejido blando de sus cuerpos. También comen otros animales de textura blanda, por ejemplo lombrices de tierra.

Escarabajos

Aunque suele decirse que las luciérnagas son gusanos, en realidad pertenecen al orden de los coleópteros, comúnmente llamados escarabajos.

Luz con distintas funciones

Las luciérnagas hembras son *ápteras,* es decir que no poseen alas; en cambio, los machos tienen alas de color marrón pálido. Es probable que la luz que emiten las hembras en la oscuridad funcione como atracción sexual para los machos. Pero también puede ser un medio de reconocimiento o de defensa.

La luz producida suele ser fría y su color varía entre el amarillo, el verde y el azul, según las distintas especies.

Proporcionalmente, la intensidad de la luz que producen las luciérnagas es mayor a la de una lámpara fluorescente.

Las luciérnagas utilizan los destellos como atracción sexual y para evitar la confusión entre las distintas especies, ya que cada una emite luz en longitudes de onda y frecuencia diferentes.

¿**Qué** son los escorpiones acuáticos?

Los escorpiones acuáticos son insectos que, sin embargo, llevan el nombre de unos arácnidos por su parecido con estos. Son de color pardo y pueden llegar a medir más de 2 cm (0.7 in), y como se alimentan de otros insectos que viven bajo el agua, se encuentran adaptados a vivir en este medio: poseen un sifón respiratorio que les permite intercambiar aire en la superficie y volver a sumergirse para capturar a sus presas.

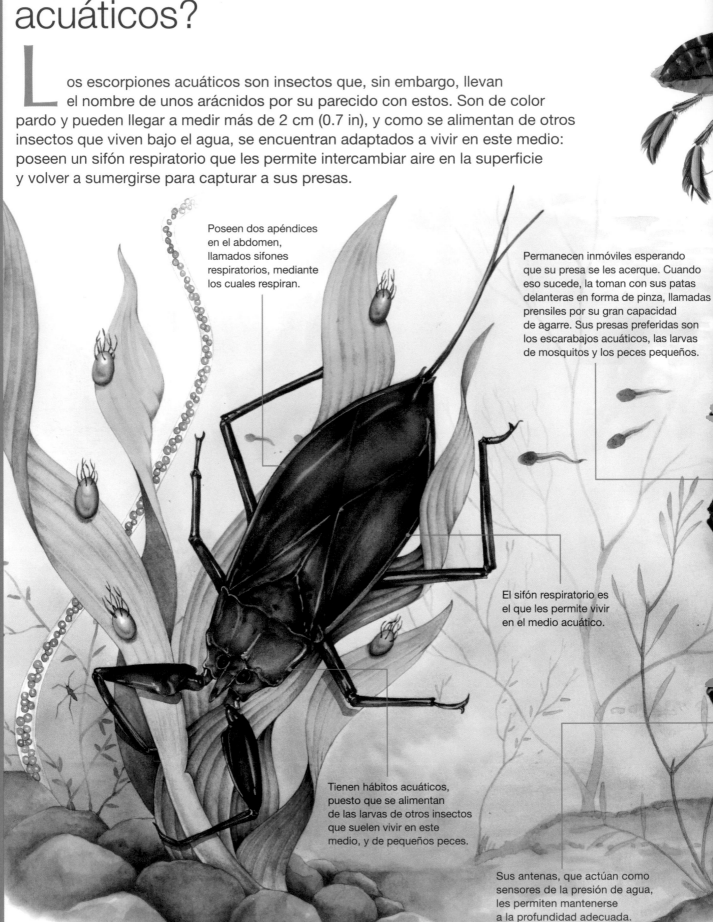

Poseen dos apéndices en el abdomen, llamados sifones respiratorios, mediante los cuales respiran.

Permanecen inmóviles esperando que su presa se les acerque. Cuando eso sucede, la toman con sus patas delanteras en forma de pinza, llamadas prensiles por su gran capacidad de agarre. Sus presas preferidas son los escarabajos acuáticos, las larvas de mosquitos y los peces pequeños.

El sifón respiratorio es el que les permite vivir en el medio acuático.

Tienen hábitos acuáticos, puesto que se alimentan de las larvas de otros insectos que suelen vivir en este medio, y de pequeños peces.

Sus antenas, que actúan como sensores de la presión de agua, les permiten mantenerse a la profundidad adecuada.

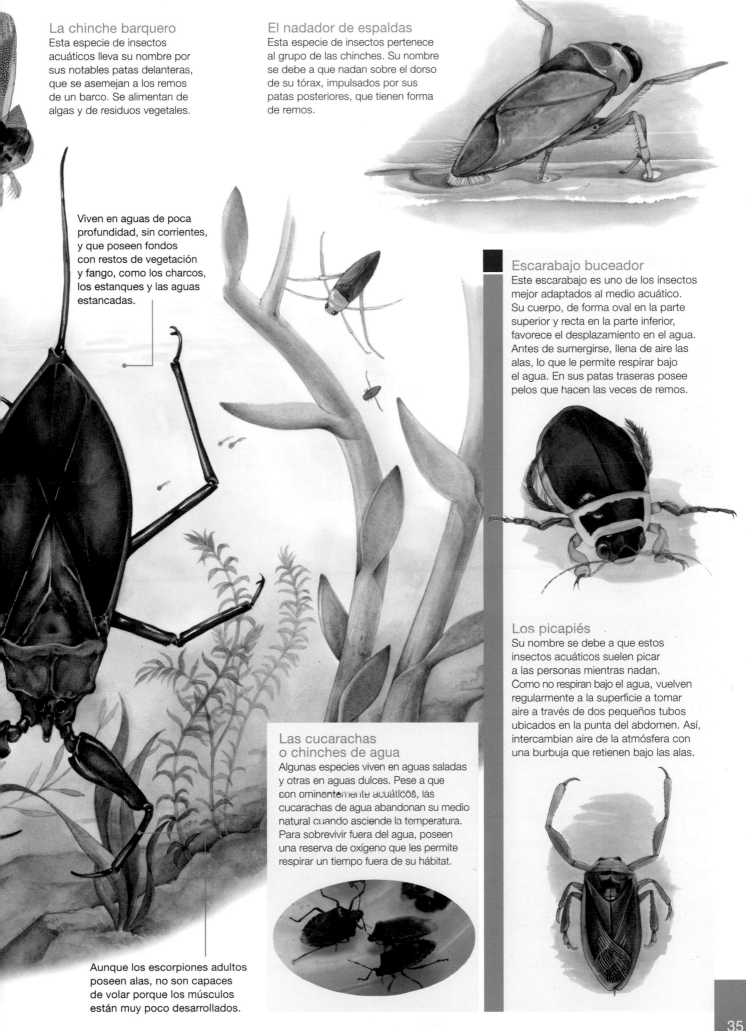

La chinche barquero

Esta especie de insectos acuáticos lleva su nombre por sus notables patas delanteras, que se asemejan a los remos de un barco. Se alimentan de algas y de residuos vegetales.

El nadador de espaldas

Esta especie de insectos pertenece al grupo de las chinches. Su nombre se debe a que nadan sobre el dorso de su tórax, impulsados por sus patas posteriores, que tienen forma de remos.

Viven en aguas de poca profundidad, sin corrientes, y que poseen fondos con restos de vegetación y fango, como los charcos, los estanques y las aguas estancadas.

Escarabajo buceador

Este escarabajo es uno de los insectos mejor adaptados al medio acuático. Su cuerpo, de forma oval en la parte superior y recta en la parte inferior, favorece el desplazamiento en el agua. Antes de sumergirse, llena de aire las alas, lo que le permite respirar bajo el agua. En sus patas traseras posee pelos que hacen las veces de remos.

Los picapiés

Su nombre se debe a que estos insectos acuáticos suelen picar a las personas mientras nadan. Como no respiran bajo el agua, vuelven regularmente a la superficie a tomar aire a través de dos pequeños tubos ubicados en la punta del abdomen. Así, intercambian aire de la atmósfera con una burbuja que retienen bajo las alas.

Las cucarachas o chinches de agua

Algunas especies viven en aguas saladas y otras en aguas dulces. Pese a que son eminentemente acuáticos, las cucarachas de agua abandonan su medio natural cuando asciende la temperatura. Para sobrevivir fuera del agua, poseen una reserva de oxígeno que les permite respirar un tiempo fuera de su hábitat.

Aunque los escorpiones adultos poseen alas, no son capaces de volar porque los músculos están muy poco desarrollados.

¿**Cómo** es el exoesqueleto de las chinches?

Las chinches de la col, al igual que todos los demás insectos, no poseen un esqueleto interno, como los vertebrados, sino un exoesqueleto o dermatoesqueleto, una cubierta externa del cuerpo que está formada por dos sustancias químicas: la quitina y la esclerotina. El exoesqueleto cumple dos funciones principales: proteger el cuerpo y sostenerlo.

Las chinches son plagas

La mayoría de las chinches son muy perjudiciales para las plantas y constituyen verdaderas plagas. Las chinches de la calabaza, las del arroz, las de la vid y las de la col, entre otras, son combatidas permanentemente por los agricultores.

El significado de la palabra *exoesqueleto*

Esta palabra contiene el prefijo *exo,* que en griego significa «fuera». Por lo tanto, exoesqueleto quiere decir «fuera del esqueleto» Este prefijo se utiliza frecuentemente en términos relacionados con la ciencia, como *exosfera* (capa más exterior de la atmósfera terrestre) o *exógeno* (aquello que se origina en el exterior de un organismo), entre otros.

La quitina, que es blanda, elástica y permeable al agua, y la esclerotina, que es una proteína de gran dureza que otorga solidez a toda la cubierta, son las dos sustancias que forman el exoesqueleto.

La combinación de la quitina (que en griego significa «túnica») y de la esclerotina forma una capa, que en los insectos se denomina cutícula.

Variaciones en rojo

Las chinches pertenecen al orden de los insectos llamados heterópteros. Pueden medir entre unos 6 y 15 mm (0.23 y 0.5 in) de longitud. Como son hematófagas, es decir, se alimentan de sangre, su cuerpo transparenta variaciones de color rojo, según la cantidad y el tipo de sangre con la que se hayan alimentado.

Las chinches y la lengua española

La lengua española cuenta con algunas expresiones curiosas que contienen la palabra *chinche.* Por ejemplo: «caer como chinches» (morir en gran número), «tener de chinches la sangre» (ser molesto o pesado) o «chinchar» (fastidiar a alguien).

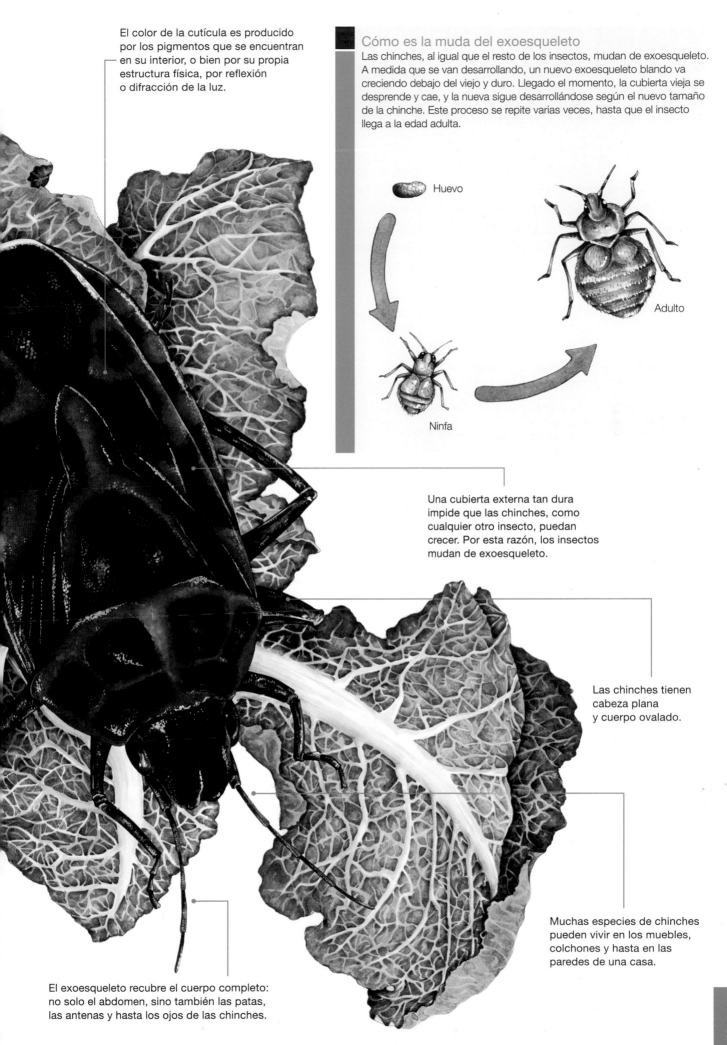

El color de la cutícula es producido por los pigmentos que se encuentran en su interior, o bien por su propia estructura física, por reflexión o difracción de la luz.

Cómo es la muda del exoesqueleto

Las chinches, al igual que el resto de los insectos, mudan de exoesqueleto. A medida que se van desarrollando, un nuevo exoesqueleto blando va creciendo debajo del viejo y duro. Llegado el momento, la cubierta vieja se desprende y cae, y la nueva sigue desarrollándose según el nuevo tamaño de la chinche. Este proceso se repite varias veces, hasta que el insecto llega a la edad adulta.

Huevo

Adulto

Ninfa

Una cubierta externa tan dura impide que las chinches, como cualquier otro insecto, puedan crecer. Por esta razón, los insectos mudan de exoesqueleto.

Las chinches tienen cabeza plana y cuerpo ovalado.

Muchas especies de chinches pueden vivir en los muebles, colchones y hasta en las paredes de una casa.

El exoesqueleto recubre el cuerpo completo: no solo el abdomen, sino también las patas, las antenas y hasta los ojos de las chinches.

¿**Cuál** es la habilidad de los insectos palo?

Los escarabajos longicornios

Muchos longicornios se confunden con la textura de los troncos, donde sus hembras depositan los huevos. Esto los protege de los pájaros depredadores. Poseen alas similares a las de otros insectos más peligrosos y antenas que pueden confundirse con aguijones.

Los insectos palo pertenecen al orden de los *fásmidos* o *fasmatodeos*, del griego *phasma* –que significa «fantasma, aparición, espectro»–. Sus capacidades de adaptación los protegen a la hora de encontrarse con sus depredadores. Una de ellas es el camuflaje, que los ayuda a pasar inadvertidos.

Cuando un insecto palo se posa sobre una rama o una hoja, puede permanecer inmóvil durante horas o mecerse con un movimiento similar al de una hoja o una rama movida por el viento. Así, se confunde fácilmente con la vegetación.

El color verde y la textura del cuerpo hace que sea extremadamente difícil reconocerlos como presa. Se ha analizado la sustancia colorante que se encuentra en su tejido corporal y se ha descubierto que es muy semejante a la clorofila de las plantas.

No solo el comportamiento pasivo provoca que se confunda con hojas y ramas, sino también la estructura de su cuerpo: basta con observar el parecido de sus patas y sus alas con las hojas.

Durante el día pasan largas horas inmóviles sobre la vegetación, y por la noche se desplazan en busca de comida. Su dieta se basa exclusivamente en hojas frescas.

El camuflaje es una forma de defensa que poseen los insectos palo, al igual que muchos otros insectos, ante la amenaza de los animales que los capturan para alimentarse, como algunos pájaros y lagartijas.

Las mariposas de las zonas frías

Algunas mariposas viven en regiones templadas, y otras, en regiones frías, incluso áridas. Las especies que habitan en las montañas, donde los veranos son cortos y los inviernos largos, están adaptadas a su ambiente. Así, las mariposas de montaña suelen ser de color oscuro, en la gama de los marrones. Gracias a esta característica no solo absorben el calor con mayor facilidad, sino que se mimetizan con las rocas o con las cortezas de los árboles ante el acecho de posibles captores.

Algunos machos poseen alas, mientras que las hembras suelen ser ápteras, es decir que no tienen alas. Sin embargo, existen especies en las que ninguno de los dos sexos son alados.

Los huevos de los insectos palo también se mimetizan con el ambiente natural, puesto que poseen el aspecto de semillas.

Los escarabajos joya

Estos escarabajos se alimentan del polen de las flores. Sus cuerpos están recubiertos de unos pequeños pelos amarillos. Por esta razón es probable que cuando se posan sobre una flor para alimentarse sus captores los confundan con el propio polen.

¿**Cómo** se reproducen las moscas?

Al igual que la mayoría de los insectos, las moscas son ovíparas, es decir que nacen de huevos. Son capaces de poner aproximadamente 120 huevos al día y durante la primavera y el verano, las estaciones del año preferidas para la reproducción, nace una nueva generación cada diez días. Antes de llegar a su fase adulta, las moscas pasan por la etapa de huevo, larva y pupa.

La hembra fecundada deposita unos 150 huevos, aunque en condiciones especiales puede llegar a los 2000. A los pocos días, de los huevos nacen larvas blancas que se transformarán en pupas o crisálidas.

Cuando está totalmente formada, la mosca adulta rompe un extremo de la cubierta de la pupa y sale. Puede aparearse algunas horas después de haber alcanzado el estado adulto.

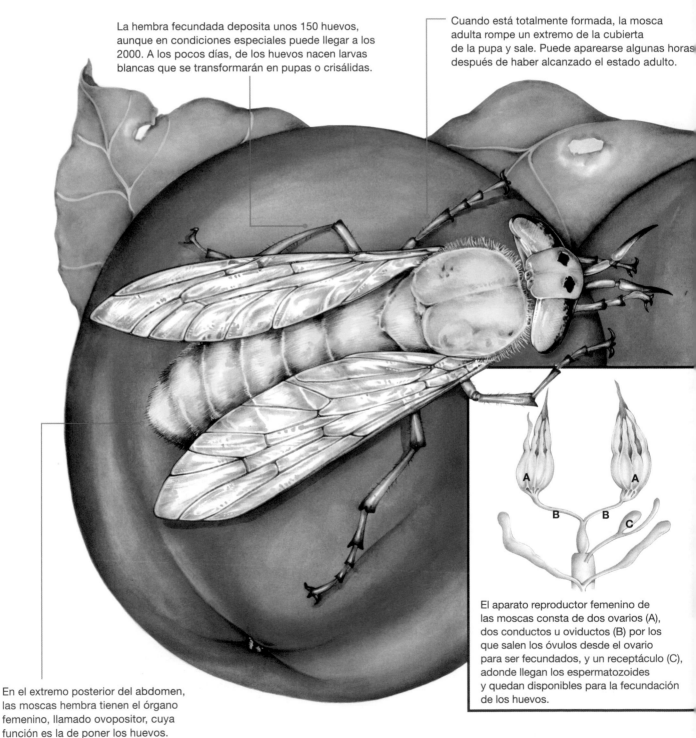

En el extremo posterior del abdomen, las moscas hembra tienen el órgano femenino, llamado ovopositor, cuya función es la de poner los huevos.

El aparato reproductor femenino de las moscas consta de dos ovarios (A), dos conductos u oviductos (B) por los que salen los óvulos desde el ovario para ser fecundados, y un receptáculo (C), adonde llegan los espermatozoides y quedan disponibles para la fecundación de los huevos.

Dimorfismo sexual

Las diferencias de forma y de tamaño entre dos individuos de distintos sexos se denomina dimorfismo sexual. En algunos insectos, este dimorfismo es muy evidente; por ejemplo, cuando los machos tienen alas y las hembras no.

La partenogénesis

Algunos insectos, como las abejas y las hormigas, desarrollan los huevos con o sin fecundación. Cuando los huevos se desarrollan sin haber sido fecundados, se habla de una reproducción partenogénica, que da origen exclusivamente a individuos machos. En cambio, si el huevo ha sido fecundado nacen hembras.

Insectos hermafroditas

En ciertos insectos, como las cochinillas acanaladas, en un mismo individuo se encuentran los aparatos reproductores femenino y masculino. De este modo, cuando llega el tiempo de reproducirse, se fecunda solo.

Las moscas macho poseen órganos genitales que suelen permanecer ocultos si no se están apareando.

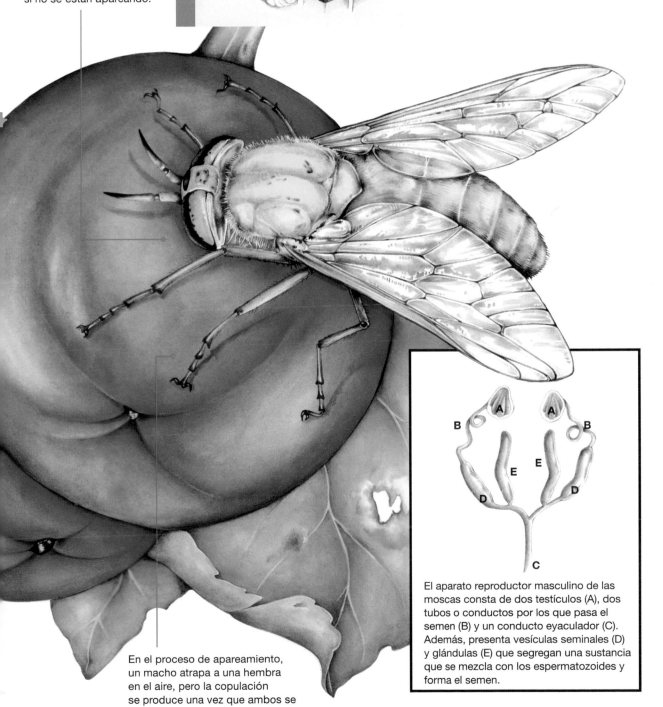

En el proceso de apareamiento, un macho atrapa a una hembra en el aire, pero la copulación se produce una vez que ambos se han posado sobre una superficie.

El aparato reproductor masculino de las moscas consta de dos testículos (A), dos tubos o conductos por los que pasa el semen (B) y un conducto eyaculador (C). Además, presenta vesículas seminales (D) y glándulas (E) que segregan una sustancia que se mezcla con los espermatozoides y forma el semen.

¿**Qué** es la danza de las **abejas**?

Las abejas poseen un sistema de comunicación mediante el cual las obreras informan a sus compañeras de a qué distancia y en qué dirección se encuentran las flores que les servirán de fuente de alimento para la producción de miel. Este movimiento rítmico es conocido como la *danza de las abejas,* y sus características varían según el mensaje que deban transmitir.

Si el alimento se halla a más de 100 m (328 ft) de distancia de la colmena, las obreras ejecutan una danza en semicírculo.

Primero describen un semicírculo estrecho, luego cambian de dirección y van en línea recta al punto de origen; posteriormente describen otro semicírculo en el lado opuesto hasta cerrar el círculo completo y vuelven a marchar en línea recta. Este movimiento se repite varias veces en el mismo lugar y con mayor o menor intensidad.

Si el alimento hallado está a menos de 100 m (328 ft) del radio de la colmena, la abeja obrera danza en círculos, variando con mucha frecuencia el sentido de la marcha, de izquierda a derecha y de derecha a izquierda, y arrastrando tras de sí a varias de sus compañeras en un ritual que dura casi un minuto. Luego, vuelve a empezar el ritual a solas en otra parte más alejada de la colmena.

Mientras que la danza en círculo es señal de que el alimento está cerca, su intensidad y duración indican la abundancia de la fuente del polen o néctar.

El olor que emite la abeja danzarina le indica a sus seguidoras el tipo de néctar que van a encontrar.

Una vez que han recibido el mensaje, las abejas van hacia el lugar donde se encuentra el alimento y, al regresar, repiten el mismo ritual con otras abejas.

Comunicación de peligro

En una colonia de pulgones, cuando un individuo se siente amenazado, segrega una sustancia que indica al resto que debe huir.

Comunicación amorosa

Las hembras de las mariposas, como la mayoría de los insectos, segregan unas sustancias químicas, llamadas feromonas, que atraen a los machos en el momento de la reproducción. Los machos detectan el olor de las feromonas con sus antenas a varios kilómetros de distancia.

Mientras marchan en línea recta, producen unos rapidísimos movimientos con el abdomen conocidos como danza de la cola o del abdomen. Todo esto atrae el interés de sus compañeras, que luego las siguen hasta la fuente de alimentación.

La danza no solo indica la distancia, sino también la dirección que deben seguir las abejas hasta llegar al alimento. Durante el vuelo, las abejas realizan distintos tipos de danzas según la orientación del Sol, que sirve de punto de referencia.

Frecuentemente, las abejas encuentran alimento a distancias menores de los 5 km (3 mi).

Diferentes danzas

Un grupo de abejas conocidas como amarillas o italianas, además de ejecutar las danzas circulares y semicirculares realizan también la *danza de la hoz:* bailan en semicírculos pero con forma de ocho, y de este modo comunican a qué distancia se encuentra el alimento. Las distancias pueden ir de los diez a los 100 m (32 a 328 ft).

Cuando una abeja obrera descubre polen, lo almacena en una especie de cesto ubicado en su último par de patas; luego, deja una marca en la flor y regresa a la colmena.

¿**Cómo** es el cortejo de las mariposas?

L a gran mayoría de los insectos que poseen alas se lanzan al vuelo cuando llega el momento de la reproducción. El cortejo es la fase que precede a la cópula y, en el caso de las mariposas, este encuentro se produce gracias a la acción de dos sentidos: el olfato y la vista.

El vuelo nupcial de las libélulas

Parte de la cópula entre libélulas se lleva a cabo en el aire. Una libélula macho toma a una hembra del cuello mediante unas pinzas situadas en su abdomen y, así, la pareja levanta vuelo.

La atracción por el sonido

En algunos insectos, como las cigarras y los grillos, solo los machos emiten sonidos. En general, el sonido que producen no tiene relación directa con la fecundación, pero existen algunos tipos de insectos, como el grillo campestre macho, que producen dos sonidos diferentes: uno que carece de efectos y otro que emiten cuando detectan la presencia de una hembra.

Las mariposas hembra desprenden un olor característico producido por las feromonas, unas sustancias químicas que son segregadas con el fin de atraer a otro individuo de la misma especie.

El vuelo nupcial de las abejas

La reina, que se encuentra preparada para su vuelo nupcial, se lanza a volar en dirección vertical, hacia arriba. En ese instante, los zánganos comienzan a seguirla, pero solo la alcanzarán varios de ellos, los más resistentes. Así, en un vuelo en forma de espiral y ascendente, a gran altura, se produce el acoplamiento entre un zángano y una reina.

Una vez que un macho encuentra a una hembra, produce una danza particular: se sitúa cerca de ella y comienza a agitar sus alas, pero sin volar, suspendido en el aire. La hembra, en cambio, permanece posada sobre una superficie.

Los machos detectan el olor de las feromonas a través de sus antenas. Algunas especies son capaces de oler a su pareja a una distancia de varios kilómetros.

Según la especie, el apareamiento entre mariposas puede durar desde unos 20 minutos hasta algunas horas.

Las mariposas también localizan visualmente al sexo opuesto. Las alas de los machos son de distintos colores que las de las hembras, aunque en algunos casos esta diferencia sea imperceptible para el ojo humano. Sin embargo, las escamas de las alas reflejan la luz ultravioleta que perciben las mariposas y les permite identificar al sexo opuesto.

La competencia durante el cortejo

Muchas veces, durante el cortejo, varios machos compiten entre sí por una hembra. Se persiguen y se ahuyentan unos a otros, hasta que el más apto acapara la atención de la hembra.

¿**Qué** insectos realizan
metamorfosis?

D urante su desarrollo, la mayoría de los insectos presentan cambios en la forma de sus cuerpos que se denominan *metamorfosis.* Algunos, como las cucarachas, presentan una metamorfosis incompleta: sus cambios son pequeños y graduales. En cambio otros, como las mariposas, desarrollan una metamorfosis completa, es decir que se transforman totalmente.

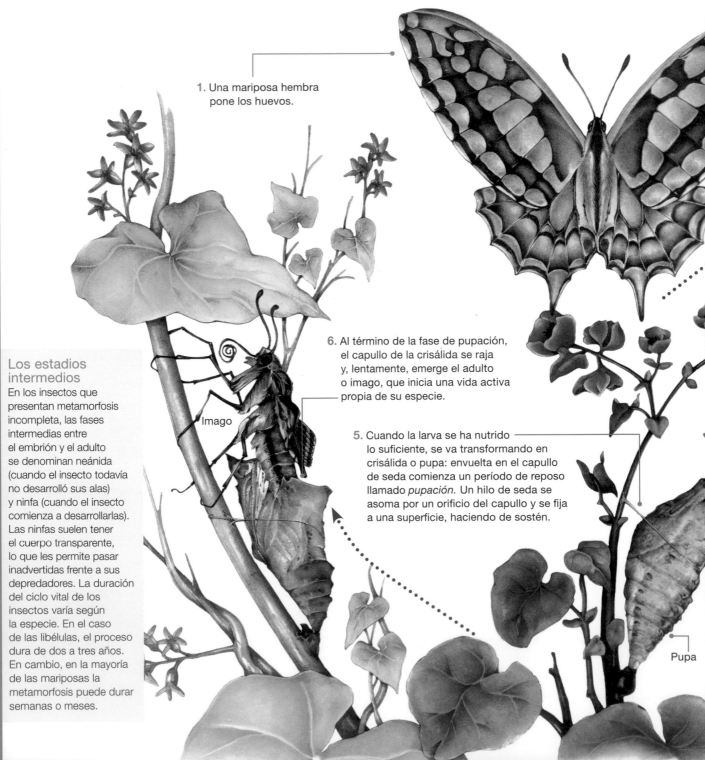

1. Una mariposa hembra pone los huevos.

Los estadios intermedios

En los insectos que presentan metamorfosis incompleta, las fases intermedias entre el embrión y el adulto se denominan neánida (cuando el insecto todavía no desarrolló sus alas) y ninfa (cuando el insecto comienza a desarrollarlas). Las ninfas suelen tener el cuerpo transparente, lo que les permite pasar inadvertidas frente a sus depredadores. La duración del ciclo vital de los insectos varía según la especie. En el caso de las libélulas, el proceso dura de dos a tres años. En cambio, en la mayoría de las mariposas la metamorfosis puede durar semanas o meses.

Imago

6. Al término de la fase de pupación, el capullo de la crisálida se raja y, lentamente, emerge el adulto o imago, que inicia una vida activa propia de su especie.

5. Cuando la larva se ha nutrido lo suficiente, se va transformando en crisálida o pupa: envuelta en el capullo de seda comienza un período de reposo llamado *pupación.* Un hilo de seda se asoma por un orificio del capullo y se fija a una superficie, haciendo de sostén.

Pupa

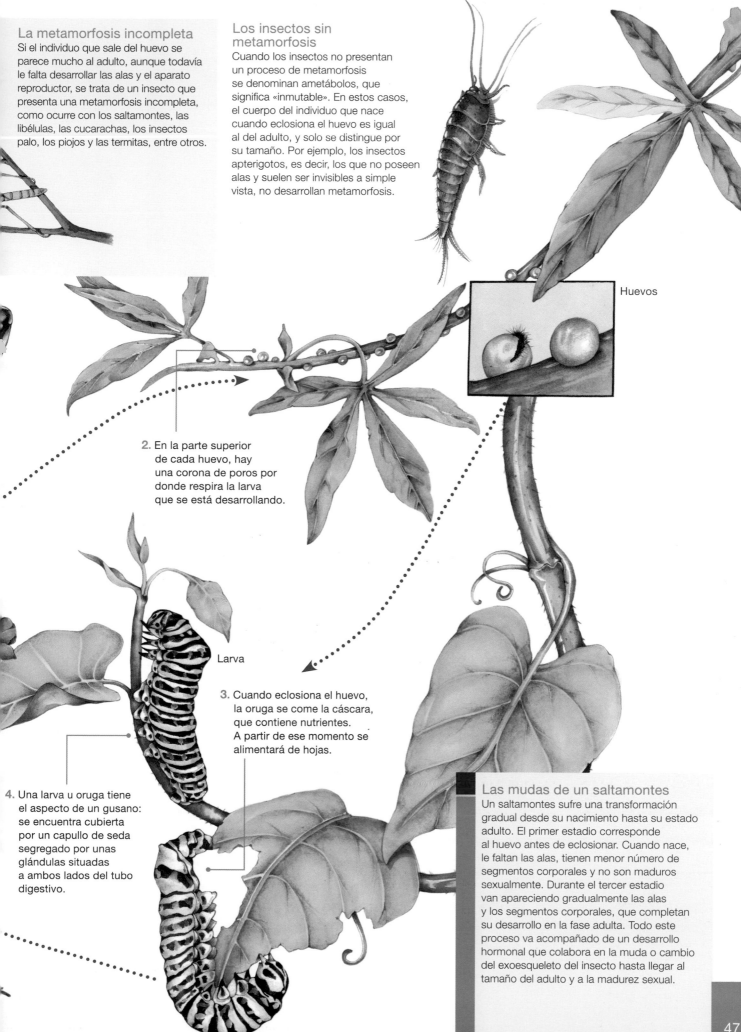

La metamorfosis incompleta

Si el individuo que sale del huevo se parece mucho al adulto, aunque todavía le falta desarrollar las alas y el aparato reproductor, se trata de un insecto que presenta una metamorfosis incompleta, como ocurre con los saltamontes, las libélulas, las cucarachas, los insectos palo, los piojos y las termitas, entre otros.

Los insectos sin metamorfosis

Cuando los insectos no presentan un proceso de metamorfosis se denominan ametábolos, que significa «inmutable». En estos casos, el cuerpo del individuo que nace cuando eclosiona el huevo es igual al del adulto, y solo se distingue por su tamaño. Por ejemplo, los insectos apterigotos, es decir, los que no poseen alas y suelen ser invisibles a simple vista, no desarrollan metamorfosis.

Huevos

2. En la parte superior de cada huevo, hay una corona de poros por donde respira la larva que se está desarrollando.

Larva

3. Cuando eclosiona el huevo, la oruga se come la cáscara, que contiene nutrientes. A partir de ese momento se alimentará de hojas.

4. Una larva u oruga tiene el aspecto de un gusano: se encuentra cubierta por un capullo de seda segregado por unas glándulas situadas a ambos lados del tubo digestivo.

Las mudas de un saltamontes

Un saltamontes sufre una transformación gradual desde su nacimiento hasta su estado adulto. El primer estadio corresponde al huevo antes de eclosionar. Cuando nace, le faltan las alas, tienen menor número de segmentos corporales y no son maduros sexualmente. Durante el tercer estadio van apareciendo gradualmente las alas y los segmentos corporales, que completan su desarrollo en la fase adulta. Todo este proceso va acompañado de un desarrollo hormonal que colabora en la muda o cambio del exoesqueleto del insecto hasta llegar al tamaño del adulto y a la madurez sexual.

47

¿**Cuál** es la función de las agallas?

Hay 13 000 especies de insectos que provocan sobre ciertos tejidos vegetales unas excrecencias de distintas formas y colores denominadas agallas o tumores. En muchas especies, las agallas cumplen la función de ser el hábitat donde se desarrollan sus larvas. En otras, se convierten en la fuente de su alimentación.

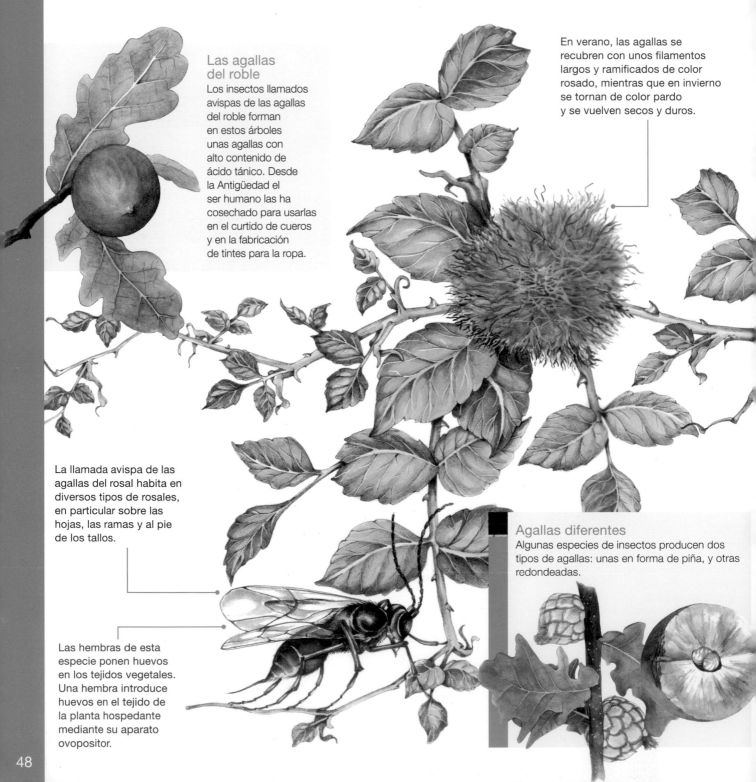

Las agallas del roble

Los insectos llamados avispas de las agallas del roble forman en estos árboles unas agallas con alto contenido de ácido tánico. Desde la Antigüedad el ser humano las ha cosechado para usarlas en el curtido de cueros y en la fabricación de tintes para la ropa.

En verano, las agallas se recubren con unos filamentos largos y ramificados de color rosado, mientras que en invierno se tornan de color pardo y se vuelven secos y duros.

La llamada avispa de las agallas del rosal habita en diversos tipos de rosales, en particular sobre las hojas, las ramas y al pie de los tallos.

Las hembras de esta especie ponen huevos en los tejidos vegetales. Una hembra introduce huevos en el tejido de la planta hospedante mediante su aparato ovopositor.

Agallas diferentes

Algunas especies de insectos producen dos tipos de agallas: unas en forma de piña, y otras redondeadas.

Las agallas han sido
utilizadas por el hombre con
fines médicos y curativos
a lo largo de la historia,
por ejemplo para el
tratamiento de diarreas
e inflamaciones bucales.
En algunas tribus de África
oriental y el Amazonas,
las agallas se usan en la
fabricación de collares
y en el grabado de tatuajes.

El interior de una agalla presenta una estructura
de múltiples cámaras y en cada una de ellas
se produce el crecimiento de una larva que,
a finales del verano, se transforma en ninfa.

El ciclo de vida de un
insecto dentro de la
agalla suele durar un
año. Las larvas que
crecen en su interior se
alimentan de ella y se van
transformando en ninfas.
En primavera, las ninfas,
que ya se han vuelto
adultas, salen al exterior.

Generalmente, en las
agallas nacen hembras que
miden unos 4 mm (0.15 in).
Solo de cada 100 hembras
suele nacer un macho.

¿**Qué** insectos habitan las colmenas?

Existen más de 20 000 especies de abejas, entre las que destacan las de la miel o melíferas, que viven en sociedades compuestas por tres grupos de individuos: las obreras, las reinas y los zánganos. Mientras que las obreras conforman el grupo más numeroso y salen fuera de la colmena, las reinas y los zánganos permanecen siempre en su interior.

Los productos de la colmena

Gracias a la apicultura, los seres humanos no solo consumimos la miel de las abejas, sino también otros productos que contribuyen al cuidado de la salud. Por ejemplo, el propóleo, elaborado a partir de las resinas que las abejas recogen de algunos árboles, se utiliza como antibiótico natural, antiviral y antioxidante. La cera de las abejas se aplica en la elaboración de cosméticos y productos farmacéuticos. Por otra parte, la jalea real aporta al ser humano un alto componente de vitamina B.

Colector de polen

En el último par de patas, las abejas obreras poseen una especie de cesto rodeado de pelitos que les permite almacenar el polen. Con el par de patas delanteras se despegan el polen del cuerpo.

Los zánganos son las abejas macho; existen cientos por colmena y su única función es fecundar a la reina durante el vuelo. Son alimentados por las obreras y viven en las celdas más cercanas al exterior de la colmena.

Las abejas obreras son hembras estériles que alimentan a las larvas y a los zánganos, construyen y mantienen limpias las celdas, recolectan el polen y producen cera y miel.
Las obreras viven un mes y los zánganos unos tres meses.

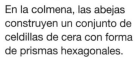

En la colmena, las abejas construyen un conjunto de celdillas de cera con forma de prismas hexagonales.

La apicultura

La cria de abejas con el fin de aprovechar sus productos se denomina *apicultura*. Los apicultores conocen las costumbres de las abejas y desarrollan una serie de estrategias, como inspeccionar periódicamente la colmena, sustituir las abejas reinas viejas por jóvenes, colocar panales nuevos y extraer la miel. Para poder realizar estas tareas sin obstáculos, inyectan humo en las colmenas para aturdir a las abejas. En la apicultura también se utilizan panales y colmenas artificiales.

Mediante unas glándulas ubicadas en el abdomen, las obreras segregan cera en forma de emulsión, que se seca en contacto con el aire. Con sus patas forman laminillas que amasan con las mandíbulas y van construyendo el panal.

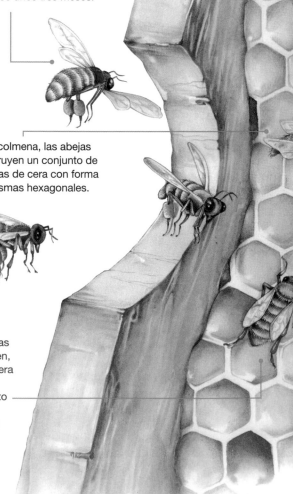

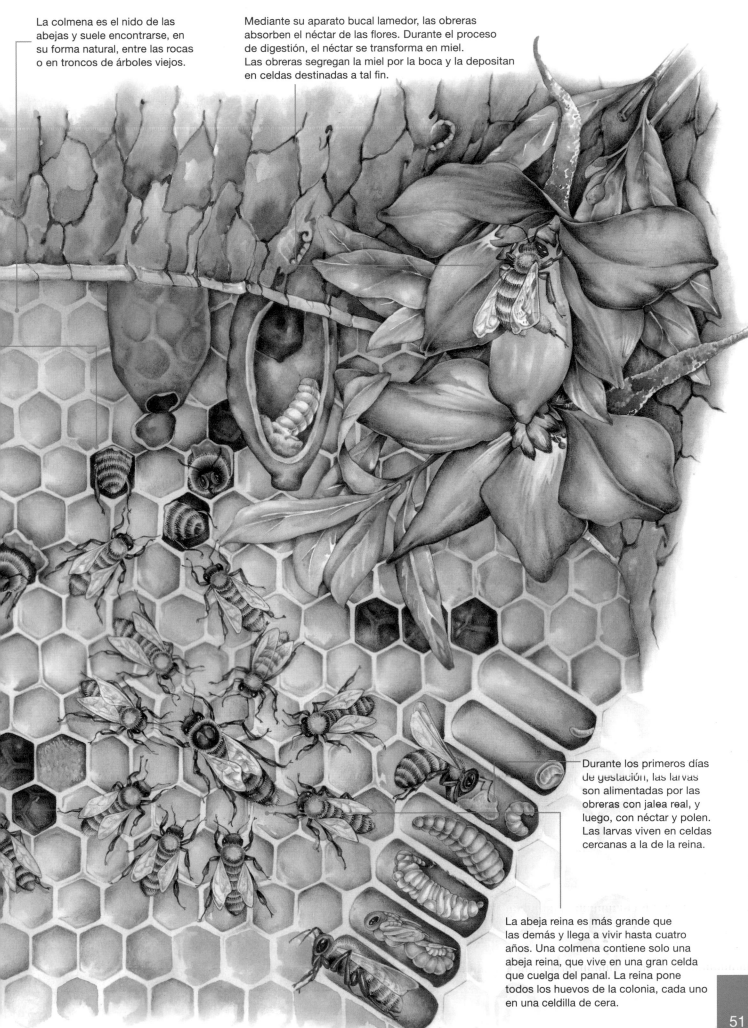

La colmena es el nido de las abejas y suele encontrarse, en su forma natural, entre las rocas o en troncos de árboles viejos.

Mediante su aparato bucal lamedor, las obreras absorben el néctar de las flores. Durante el proceso de digestión, el néctar se transforma en miel. Las obreras segregan la miel por la boca y la depositan en celdas destinadas a tal fin.

Durante los primeros días de gestación, las larvas son alimentadas por las obreras con jalea real, y luego, con néctar y polen. Las larvas viven en celdas cercanas a la de la reina.

La abeja reina es más grande que las demás y llega a vivir hasta cuatro años. Una colmena contiene solo una abeja reina, que vive en una gran celda que cuelga del panal. La reina pone todos los huevos de la colonia, cada uno en una celdilla de cera.

¿**Cómo** es el nido de las avispas?

Existen dos grandes grupos de avispas: las solitarias y las sociales. Las avispas que forman sociedades construyen un nido que varía en forma y tamaño según la especie y se denomina avispero. En general, y a diferencia de las abejas, la avispa reina es la que comienza a construir el avispero en solitario. Y una vez que las obreras crecen, son ellas las que continúan la construcción.

Los avisperos de avispas comunes pueden medir unos 40 cm (15 in) de diámetro. Aunque entre la primavera y el otoño nacen millares de ejemplares, solo sobrevivirán algunos. En otoño, tras del nacimiento de las obreras, nacen los machos y las nuevas reinas, que salen volando al exterior para aparearse. La reina fertilizada invernará hasta la próxima primavera, cuando comenzará a construir un nuevo avispero.

En forma de vaina
Algunas avispas construyen avisperos en forma de vaina. Se caracterizan por ser abiertos y con pocas celdillas.

Las avispas filipinas
Las de la especie *Vespidae stenogaster* habitan en las islas Filipinas. Suelen medir entre 14 y 20 cm (5.5 y 7.8 in) de largo. Penden de un largo hilo que cuelga de las ramas de los árboles y la entrada al avispero se encuentra en el extremo inferior.

La reina de las avispas comunes comienza fabricando una pequeña envoltura que cubre unas pocas celdillas, y en cada una de ellas deposita un huevo. Cuando los huevos se transforman en larvas, la reina los alimenta con dieta carnívora por lo que debe salir a encontrar moscas, orugas, mariposas o arañas.

La envoltura del avispero está formada por una serie de capas superpuestas que las avispas van construyendo mediante la masticación. Una reina mastica fibra vegetal y, al mezclarla con su saliva, produce una especie de papel.

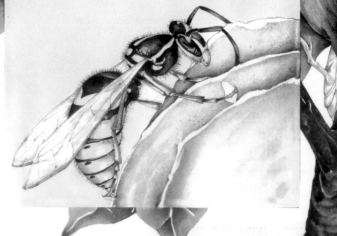

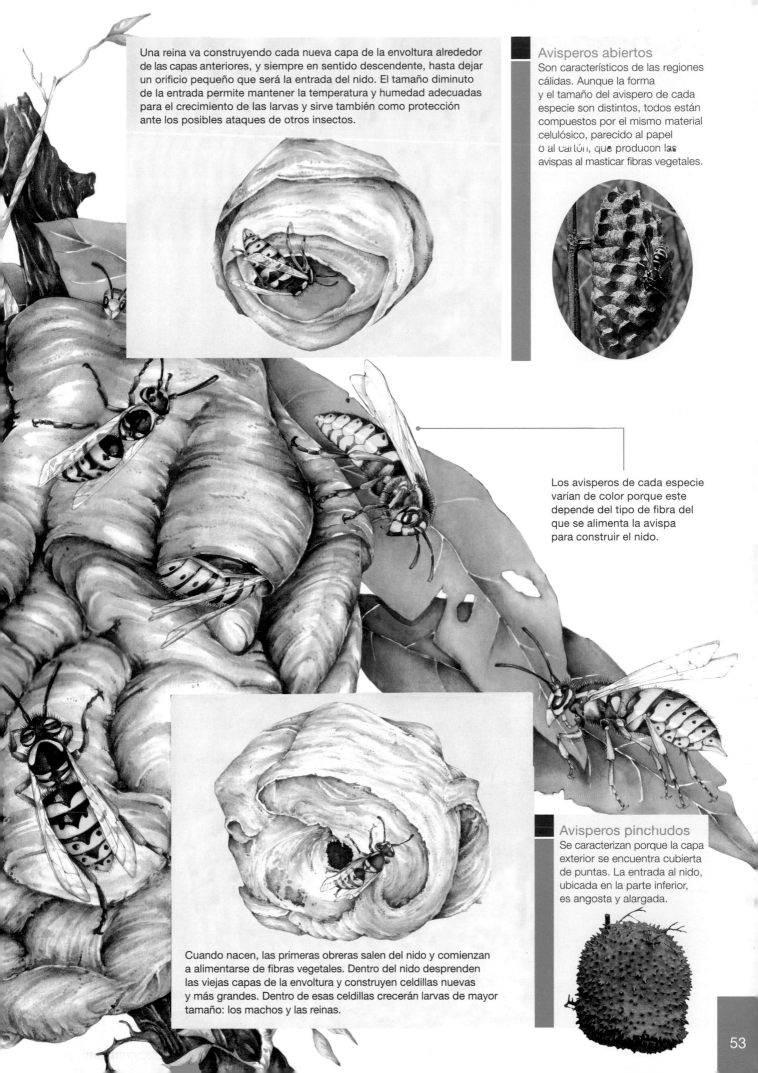

Una reina va construyendo cada nueva capa de la envoltura alrededor de las capas anteriores, y siempre en sentido descendente, hasta dejar un orificio pequeño que será la entrada del nido. El tamaño diminuto de la entrada permite mantener la temperatura y humedad adecuadas para el crecimiento de las larvas y sirve también como protección ante los posibles ataques de otros insectos.

Avisperos abiertos

Son característicos de las regiones cálidas. Aunque la forma y el tamaño del avispero de cada especie son distintos, todos están compuestos por el mismo material celulósico, parecido al papel o al cartón, que producen las avispas al masticar fibras vegetales.

Los avisperos de cada especie varían de color porque este depende del tipo de fibra del que se alimenta la avispa para construir el nido.

Cuando nacen, las primeras obreras salen del nido y comienzan a alimentarse de fibras vegetales. Dentro del nido desprenden las viejas capas de la envoltura y construyen celdillas nuevas y más grandes. Dentro de esas celdillas crecerán larvas de mayor tamaño: los machos y las reinas.

Avisperos pinchudos

Se caracterizan porque la capa exterior se encuentra cubierta de puntas. La entrada al nido, ubicada en la parte inferior, es angosta y alargada.

¿**Cómo** es la vida en un hormiguero ?

L as hormigas pertenecen al grupo de insectos que viven en sociedad, como las abejas y algunas avispas. Habitan en colonias, llamadas comúnmente hormigueros. Al igual que los otros insectos sociales, presentan diferentes tipos de individuos que garantizan la cría de los huevos y las larvas, y desempeñan distintas funciones.

Las hormigas y los hongos
Dentro del hormiguero, las hormigas cultivan un hongo en cámaras especiales, utilizando como sustrato trozos de hojas. De esta manera, el hongo asegura su propagación en el tiempo y la hormiga obtiene alimento: el propio hongo.

Los hormigueros están formados por varias galerías que unen distintas cámaras, donde se encuentran los huevos, las larvas y las pupas.

Cuando una hormiga obrera deposita una hoja en el nido, otra se encarga de recogerla y llevarla adentro. Otras obreras parten la hoja en trozos que con el tiempo son transformadas por los hongos. Con estos hongos se alimentan todas las hormigas.

Algunos hormigueros se identifican fácilmente porque presentan un cono de tierra que sobresale de la superficie del suelo. Otros se encuentran en las cortezas de troncos viejos, en las paredes de las casas o bajo tierra.

El hormiguero es fundado por una hormiga reina, que pone todos los huevos. Una vez que una futura reina madura, deja el viejo nido y vuela hasta aparearse con un macho. Luego, se desprende de sus alas y funda un nuevo nido.

Existen hembras estériles llamadas *obreras,* que construyen el nido, salen a buscar el alimento y cuidan los huevos y las larvas. En algunas especies existen varias clases de obreras, según la función que cumplan.

La reina habita en la *cámara real,* donde se dedica exclusivamente a poner huevos. Luego, estos son trasladados por las obreras a otras cámaras, donde los crían y alimentan.

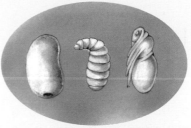

Las larvas. Son cuidadas y alimentadas por las obreras hasta que se vuelven pupas o crisálidas. La pupa es la fase de desarrollo comprendida entre la larva y el adulto, que luego se convertirá en macho, obrera o nueva reina.

Las obreras o soldados. Las hormigas obreras, hembras no aladas que pueden vivir hasta siete años, según la especie. Son de menor tamaño que las reinas y poseen una cabeza grande. El aparato bucal de todas las hormigas es masticador. Con sus mandíbulas fuertes y afiladas las obreras recortan, por ejemplo, un trozo de hoja y lo transportan hasta el hormiguero.

La reina. La hormiga reina es la más grande de la colonia y se ocupa de la reproducción y fundación de nuevas colonias, donde deposita los huevos fecundados.
Por lo general, un nido tiene varias hembras reproductoras pero solo una reina fundadora. La reina puede ser fecundada por más de un macho y, una vez inseminada, deposita huevos fértiles durante el resto de su vida (unos 15 años). Las hembras vírgenes poseen alas, mientras que las hembras ya apareadas las pierden.

Los machos. Las hormigas macho generalmente poseen un tamaño intermedio entre el de la reina y el de una obrera. La única función que cumple un macho es la inseminación de la reina. Al poco tiempo de fecundarla, después de unas dos semanas, muere.

¿**Qué** insectos pueden **perjudicar** al ser humano?

Muchos insectos son considerados perjudiciales para el ser humano. Algunos producen o transmiten enfermedades. Otros son parásitos de animales de cría o de plantas de cultivo. Por eso, se los considera plagas y se los combate. Entre las plagas más comunes se encuentran las moscas, los mosquitos y las cucarachas.

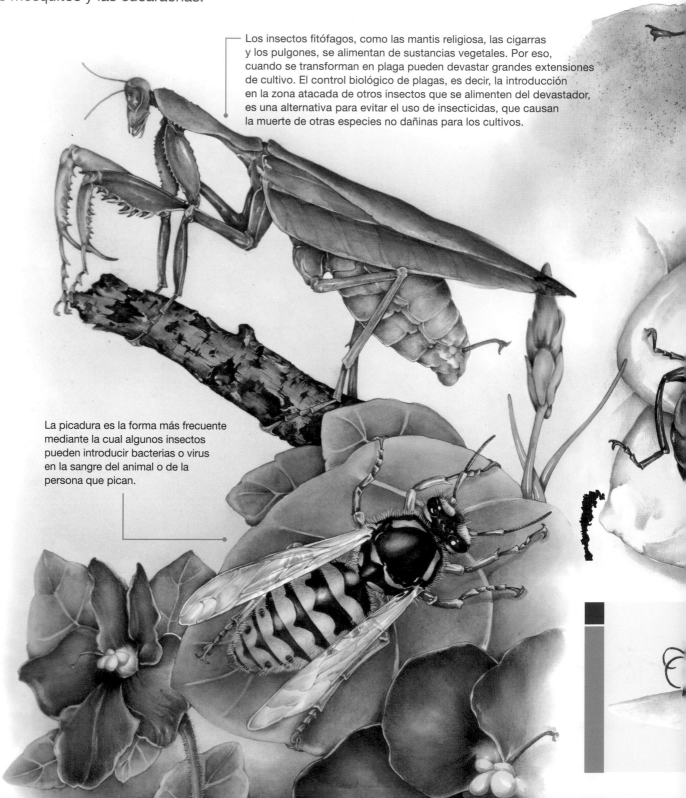

Los insectos fitófagos, como las mantis religiosa, las cigarras y los pulgones, se alimentan de sustancias vegetales. Por eso, cuando se transforman en plaga pueden devastar grandes extensiones de cultivo. El control biológico de plagas, es decir, la introducción en la zona atacada de otros insectos que se alimenten del devastador, es una alternativa para evitar el uso de insecticidas, que causan la muerte de otras especies no dañinas para los cultivos.

La picadura es la forma más frecuente mediante la cual algunos insectos pueden introducir bacterias o virus en la sangre del animal o de la persona que pican.

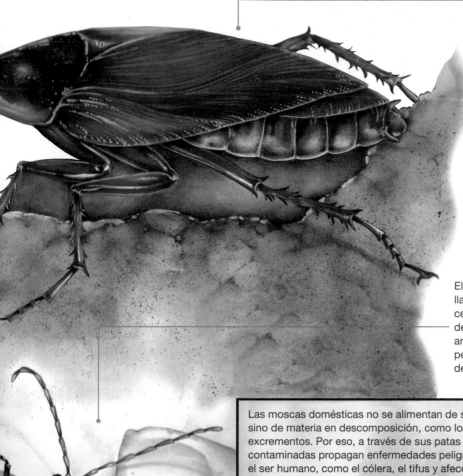

Durante el día las cucarachas suelen ocultarse en rincones oscuros, de los que salen durante la noche en busca de alimento. Son omnívoras, es decir que comen todo lo que encuentran, y con sus excrementos contaminan el alimento para otras especies y, así, transmiten enfermedades.

Moscas que atacan vacas

En los últimos años un mosquito *(Culicoides imicola)* ha causado muchos perjuicios en los ganados ovino y vacuno de algunas zonas de España, como Cádiz. Por esta razón, se lleva a cabo una fumigación masiva y se vacuna a las reses con el fin de que no contraigan la enfermedad llamada lengua azul, por el tono que adquieren los animales infectados a causa de la falta de oxígeno en sangre.

El barrenador de maíz es una especie de escarabajo llamado así porque ataca las plantaciones de este cereal. Se ha transformado en la plaga más peligrosa de este cultivo tanto en Europa como en el continente americano. Cuando las larvas salen del huevo, perforan las raíces de la planta y esta queda tan debilitada que no puede absorber agua y muere.

Las moscas domésticas no se alimentan de sangre, sino de materia en descomposición, como los excrementos. Por eso, a través de sus patas contaminadas propagan enfermedades peligrosas para el ser humano, como el cólera, el tifus y afecciones digestivas.

Las plagas de granos almacenados

En general, las plagas de gorgojos se encuentran en los cereales almacenados. Los más conocidos son los gorgojos del arroz, pero existen distintas especies de gorgojos que se alimentan de casi todos los cereales, como el trigo, la avena y la cebada.

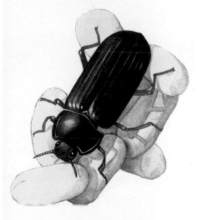

Las picaduras con aguijón

El aguijón con el que pican, por ejemplo, muchas avispas, abejas y hormigas es el mismo órgano que utilizan para depositar los huevos; por ese motivo solo pican las hembras. Además, el aguijón cumple funciones defensivas y ofensivas, inoculando veneno a sus víctimas. Está formado por un extremo en punta y una superficie dentada. Cuando una abeja pica, los dientes del aguijón le impiden retroceder, por lo que el aguijón queda inserto en el cuerpo de la víctima. Por eso, cuando una persona es picada por una abeja no es recomendable pellizcar la zona afectada, porque la presión introduce más veneno en la herida. En esos casos es necesario recurrir al médico.

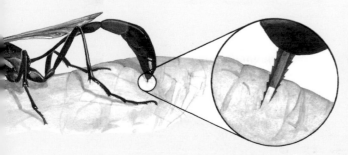

¿**Por qué** las langostas son plaga?

Desde tiempos remotos, la langosta ha ocasionado graves daños en los cultivos. Cuando forman plaga pueden llegar a juntarse miles de millones de ejemplares. En la actualidad, la plaga de la langosta ocasiona pérdidas económicas considerables en la agricultura a nivel mundial y, especialmente, en los países del continente africano. Allí existe una especie conocida como langosta del desierto, que se desplaza a través de miles de kilómetros en gigantescas nubes llamadas mangas.

Voraces langostas
Aunque las langostas mediterráneas y las provenientes de África poseen un aspecto diferente, ambas especies devoran los cultivos que encuentran a su paso comiendo una cantidad que a veces puede llegar a duplicar su propio peso.

Cada especie de langosta posee dos fases, una solitaria y otra gregaria o grupal. Cuando las langostas pasan de una fase a otra, sufren profundos cambios en su aspecto y en su conducta denominados metamorfosis.

Una langosta hembra pone unos 300 huevos a lo largo de su vida. Y como durante su migración las langostas pueden aparearse, van dejando nuevos individuos en el camino.

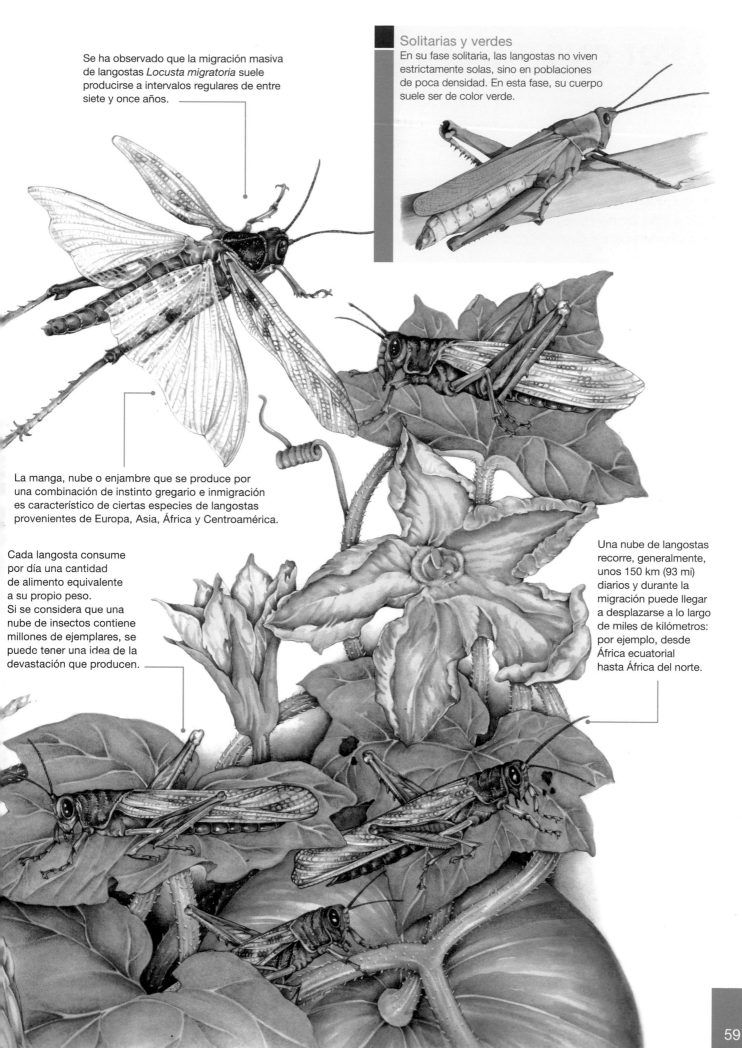

Se ha observado que la migración masiva de langostas *Locusta migratoria* suele producirse a intervalos regulares de entre siete y once años.

Solitarias y verdes

En su fase solitaria, las langostas no viven estrictamente solas, sino en poblaciones de poca densidad. En esta fase, su cuerpo suele ser de color verde.

La manga, nube o enjambre que se produce por una combinación de instinto gregario e inmigración es característico de ciertas especies de langostas provenientes de Europa, Asia, África y Centroamérica.

Cada langosta consume por día una cantidad de alimento equivalente a su propio peso. Si se considera que una nube de insectos contiene millones de ejemplares, se puede tener una idea de la devastación que producen.

Una nube de langostas recorre, generalmente, unos 150 km (93 mi) diarios y durante la migración puede llegar a desplazarse a lo largo de miles de kilómetros: por ejemplo, desde África ecuatorial hasta África del norte.

¿**Existen** insectos útiles para el ser humano?

Muchas especies de insectos proporcionan beneficios al ser humano de manera directa, como la miel que produce la abeja. Otras especies son útiles indirectamente, porque contribuyen a regenerar las tierras destinadas al cultivo o sirven como fertilizantes e insecticidas biológicos.

Los insectos son una excelente fuente de alimentación para los animales de criadero, como pollos, gallinas, truchas carnívoras o cerdos. Por su alto porcentaje de proteínas y su bajo costo pueden suplir otros alimentos, como la soja o el plasma porcino para piensos.

Los insectos descomponedores, como algunos escarabajos y moscas, son grandes recicladores de las tierras destinadas a los cultivos. Limpian la tierra del estiércol animal y de plantas y cadáveres en descomposición, dejándola saneada para el próximo cultivo.

Existen más de 1500 especies de insectos que se utilizan en la alimentación humana, ya que contienen sales minerales, son ricos en calcio y magnesio y, en estado de larva, proporcionan calorías y proteínas de gran calidad.

Entre los insectos polinizadores se encuentran las abejas, las avispas y las mariposas diurnas. Estos insectos son parte indispensable del proceso de polinización, es decir, hacen posible el traspaso del polen desde el estambre de una flor hasta el estigma de otras flores de la mayoría de los frutales, y de las hortalizas como la calabaza y el tomate. La cera de las abejas melíferas es producto de la secreción de sus glándulas abdominales. Se la utiliza, por ejemplo, para la fabricación de cremas de afeitar, de cosméticos o de cera para el suelo.

El gusano de seda

Los gusanos de seda de la especie *Bombyx mori* son los únicos capaces de producir hilos del material con el que se elabora la seda natural. La especie recibe ese nombre porque vive en las hojas de las moreras. En algunos países, como República de Corea, forma parte de la dieta alimentaria por su alto contenido en proteínas; en otros, como en China, se lo emplea con fines medicinales.

La mariquita

Este insecto *(Coccinellidae)* es uno de los más beneficiosos para el ser humano debido a su capacidad para devorar a otros insectos. Es capaz de comer entre 40 y 50 pulgones al día, aunque también se alimenta de cochinillas y ácaros. Es exclusivamente carnívoro y, por lo tanto, no afecta a las plantas. Vive, de media, un año.

Insecticidas naturales

Como complemento a los insecticidas químicos, es posible utilizar ciertas especies de insectos en jardines y plantaciones. Los insectos depredadores pueden llegar a ingerir en un solo día cientos de animales perjudiciales que suelen convertirse en plaga. Por ejemplo, las mantis religiosa comen moscas y orugas; algunos escarabajos, como la mariquita, comen pulgones y larvas; los escarabajos de tierra comen caracoles y babosas.

Obtención de sustancias para uso industrial

Algunos insectos, como las cochinillas, segregan una cera o laca que recubre su cuerpo y es utilizada por el ser humano para la fabricación de barnices, por ejemplo. Otros insectos de la misma familia producen un tinte natural llamado carmín, que sirve como colorante en las industrias alimentaria, cosmética y farmacológica.

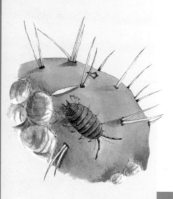

El Abecé Visual de
LA TIERRA

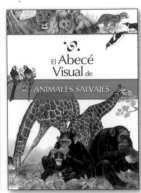

El Abecé Visual de
ANIMALES SALVAJES

El Abecé Visual de
LOS INVENTOS QUE CAMBIARON EL MUNDO 1

El Abecé Visual de
MEDIOS DE TRANSPORTE

El Abecé Visual de
EL UNIVERSO

El Abecé Visual de
EL UNIVERSO

El Abecé Visual de
LOS INVENTOS QUE CAMBIARON EL MUNDO 1

El Abecé Visual de
LA HISTORIA

El Abecé Visual de
PLANTAS Y FLORES

El Abecé Visual de
INSECTOS

El Abecé Visual de
PAÍSES, RELIGIONES Y CULTURAS DEL MUNDO

El Abecé Visual de
MITOS Y LEYENDAS UNIVERSALES

El Abecé Visual de
BOSQUES, SELVAS, MONTAÑAS Y DESIERTOS

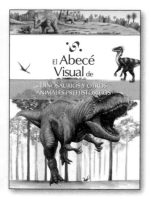

El Abecé Visual de
DINOSAURIOS Y OTROS ANIMALES PREHISTÓRICOS

El Abecé Visual de
VIAJEROS Y EXPLORADORES

El Abecé Visual de
CIUDAD POR DENTRO Y POR FUERA

El Abecé Visual de
GRANDES CONSTRUCCIONES

El Abecé Visual de
EL CUERPO HUMANO

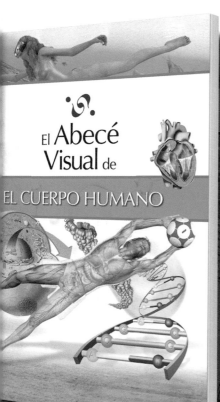

El Abecé Visual de
EL CUERPO HUMANO

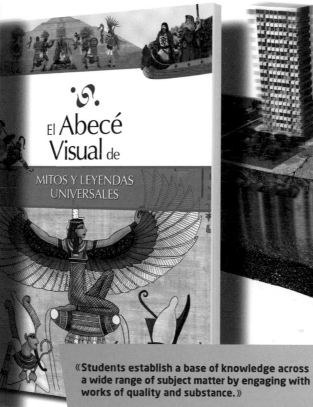

El Abecé Visual de
MITOS Y LEYENDAS UNIVERSALES

«Students establish a base of knowledge across a wide range of subject matter by engaging with works of quality and substance.»

–Common Core State Standards for English Language Arts & Literacy in History/ Social Studies, Science, andTechnical Subjects, p. 7

A great addition to a CCSS-oriented collection

Common-Core
Quality & Substance
www.CommonCore.SantillanaUSA.com

El Abecé Visual de
INVENTOS QUE CAMBIARON EL MUNDO 2

El Abecé Visual de
LA HISTORIA

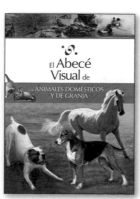

El Abecé Visual de
ANIMALES DOMÉSTICOS Y DE GRANJA

El Abecé Visual del
ARTE

El Abecé Visual de
MARES, OCÉANOS, LAGOS Y RÍOS